캉쎄르 린뽀체 지음
한수희 옮김

원하는 것을

얻지 못하는 것이야말로

축복

རང་གིས་འདོད་པའི་དངོས་པོ་མ་ཐོབ་པ་ནི་བྱིན་རླབས་ཤིག་ཡིན་ཐིང

THE DALAI LAMA

FOREWORD

Khangser Rinpoché, a learned young Lama, who presently serves as Vice Abbot of Gyuto Tantric Monastery, has written this book, '*Not Getting What You Want Can Be a Blessing*' now being published in Korean, to help ordinary people find joy in their lives. He explains how excessive desire leads to greed, which involves having exaggerated expectations, and that these can lead to feelings of frustration and disappointment.

He shows that it's worth recognizing that greed arises out of a desire to obtain something, but is often not satisfied even when that object is obtained. Because it gives rise to limitless, bottomless desire, it leads to trouble. As Rinpoché points out, the true antidote to greed is contentment. If you have a strong sense of contentment, even if you don't get what you want—you will be realistic about the limitations of desire.

I am confident that readers of this book will derive much benefit from it.

17 November 2023

원하는 것을 얻지 못하는 것이야말로 축복

추천사

균뙤 승원의 라마움제(부승원장)이자 뛰어난 젊은 라마인 캉쎄르 린뽀체가 이번에 한국에서 출간한 『원하는 것을 얻지 못하는 것이야말로 축복』은 평범한 이들이 그들의 삶에서 기쁨을 찾는 것을 돕고자 집필한 책입니다. 그는 이 책에서 과도한 욕망이 어떻게 허황된 기대가 섞인 탐욕으로 변하는지와 욕망과 탐욕이 좌절과 실망을 초래할 수 있다는 점을 설명하고 있습니다.

또한 그는 탐욕이 무언가를 얻으려는 욕망에서 일어나고, 그 목적을 이룬다 해도 탐욕은 충족되지 않음을 알아차려야 한다는 점을 보여 주고 있습니다. 탐욕은 한도 끝도 없는 욕망을 불러일으키기에 문제로 이어집니다. 캉쎄르 린뽀체가 지적하듯 탐욕에 대한 진정한 해독제는 만족입니다. 당신이 제대로 만족할 줄 안다면 원하는 것을 얻지 못한다 하더라도 그 욕망의 한계를 현실적으로 받아들이게 될 것입니다.

이 책이 독자들에게 큰 도움이 될 것이라 확신합니다.

2023년 11월 17일 다람살라에서
제14대 달라이 라마

For our Korean readers

When we reflect on life, greed stands out as one of the most detrimental emotions. Often, its destructive nature goes unnoticed, it is like a sweet poison quietly ruining our well-being.

Greed can be likened to a silent killer. When you can't get what you want, it can make you very upset and desperate and it's these feelings of dissatisfaction that lead to more suffering, leading us to a very tragic end. That's why I aim to share a message about ending greed. Greed can lead to us becoming too attached to the things we like, and when we can't have them, we may feel very upset.

With my book, I want to show that even if you don't get what you want, you can still find happiness and joy in life.

November 15, 2023
the Gyuto Tantric Monastery in Dharamsala
Khangser Rinpoche

한국 독자들에게

우리 인생을 되돌아볼 때, 가장 해로운 감정의 하나는 탐욕입니다. 탐욕의 파괴적인 본성은 종종 눈에 띄지 않으며, 그것은 달콤한 독처럼 조용히 우리의 행복한 삶을 망칩니다.

탐욕은 소리 없는 살인자에 비유할 수 있습니다. 원하는 것을 얻지 못하면 우리는 무척 화가 나고 절망합니다. 이러한 불만족스러운 감정은 더 많은 괴로움으로 이어져 우리를 몹시 비극적인 결말로 이끌기도 합니다. 그 때문에 저는 탐욕의 종식에 대한 메시지를 나누려고 합니다. 탐욕은 우리가 좋아하는 것에 지나치게 집착하도록 만들고, 원하는 것을 가질 수 없을 때 우리는 너무나 속상해합니다.

이 책을 통해 저는 원하는 것을 얻지 못하더라도 인생에서 행복과 기쁨을 찾을 수 있다는 것을 보여 주고 싶습니다.

2023년 11월 15일
다람살라 균뙤 승원에서
캉쎄르 린뽀체

차례

원하는 것을 얻지 못하는 것이야말로

축복

1장 한도 끝도 없는 욕망

사람이라면 누구에게나 번뇌가 있기 마련입니다. 오죽하면 불교에서는 끊어야 할 번뇌가 팔만 사천 가지나 된다고 했을까요. 번뇌의 종류가 이렇게 많으니, 번뇌는 굉장히 다루기 힘든 대상이라는 걸 알 수 있습니다.

여러 번뇌 중에서 '욕망' 또는 '탐'(貪)은 거의 그림자처럼 우리를 따라다닙니다. "그 사람은 식탐이 많아." "그 사람은 욕심이 많아." "참 탐욕이 많은 사람이네!"…. 이처럼 '탐', '욕망'이라 하면 사람들은 부정적인 꼬리표를 붙이곤 합니다.

그럼 한번 찬찬히 살펴봅시다. 욕망이 우리에게 정말 문제가 될까요? 욕망과 필요는 무엇이 다를까요? '갖고 싶은 것'과 '필요한 것'이 죄가 될까요? 불교를 배우면 모든 걸 부정적인 시각으로 보게 되어 온갖 인연을 내려놓고 아무것도 필요 없다고 하며 깊은 산속에 들어가 은둔해야 하는 걸까요?

이 질문에 대답하기 전에 먼저 가장 기본적인 욕망에 대해 이야기해 봅시다. 인간이나 동물에게 생존해 나가야 한다는 것은 하늘이 무너져도 바뀌지 않는 중요한 일입니다. 생존은 인간의 본능이라 할 수 있으며, 생존하고 싶다는 생각은 사실 살고 싶다는 욕망입니다. 이러한 욕망은 인간의 가장 근본적인 원동력이자 가장 근본적인 필요이기도 합니다. 욕망이 없으면 사람은 살아갈 수 없을 테니까요.

이렇게 가장 기본적인 필요가 충족되면 우리는 다른 것을 원하기 시작합니다. 명예를 추구하거나 금전을 좇기 시작하고 사람들로부터 존경을 받고 싶어 하기도 합니다. 우리의 뇌가 이런 것들을 갖고 싶어 하기 시작하는 것이지요. 그런데 명예나 돈을 좇는 욕구는 기본적인 필요에 추가된 욕구입니다. 이런 추가적인 욕구에 중독되면 상황이 복잡해지기 시작합니다.

예를 들어 술 마시는 걸 좋아하면 결국 알코올 중독에 빠집니다. 친구와 만나 술 한잔하는 자리에서 곤드레만드레 취하면 다음 날에야 술이 깨고, 그러다 보면 어느새 중독에 빠져 있습니다. 실수로 마약에라도 빠지게 된다면 삶 전체가 엉망이 되고 맙니다. 마약의 영향으로 정신이 흐려지면 단기간 내에 중독에서 벗어날 길이 없기 때문입니다.

사람을 심각하게 취하게 만드는 것이 또 하나 있습니다. 저는 그것을 돈에 취하게 되는 것이라고 부릅니다. 돈에 눈멀어 중독되면 한평생 돈에 좌우되고 돈에 매여 돈에 끌려다니는 운명에서 벗어날 수가 없습니다. 사람은 명예나 돈 같은 물질적인 것에 쉽게 중독됩니다. 일단 이런 것들에 욕심이 생기면 평생토록 그 중독을 해결해야 할 테고, 그 삶은 무척 어려워지겠지요.

사람을 심각하게 취하게 만드는 것이 또 하나 있습니다. 저는 그것을 돈에 취하게 되는 것이라고 부릅니다. 돈에 눈멀어 중독되면 한평생 돈에 좌우되고 돈에 매여 돈에 끌려다니는 운명에서 벗어날 수가 없습니다.

행복하고 싶을 뿐인데

의식주행(衣食住行) 그리고 돈과 명예 말고도 사람에게는 행복을 추구하는 욕구도 있습니다. 사실 행복해지고 싶다는 건 아주 소소한 욕망이며, 모든 욕구의 근원이라고 할 수 있습니다. 예를 들어 부와 명예를 추구하고, 사람들의 존경을 받고 싶어 하는 사람이 있다고 칩시다. 그에게 그런 걸 추구해서 뭐에 쓸 건지, 왜 그렇게 필사적으로 그런 것을 얻으려고 하는지 물어보세요. 그 사람은 분명히 "더 행복해지고 싶어서"라고 말할 겁니다.

사람들은 다들 행복해지고 싶어 합니다. 하물며 동물도 나쁜 것은 피하고 좋은 것을 취하고 싶어 합니다. 인간이 행복을 바라는 건 사실 잘못된 게 아닙니다. 옛날 훌륭한 스승들이나 지식이 해박한 대학자들은 "어허, 욕망은 좋지 않은 것이니 욕망을 버려야 마땅하오"라며 시시때때로 사람들을 훈계했습니다. 하지만 그들에게도 역시 욕구가 있었습니다. 사람들이 자신을 찾아와 뭔가를 질문해 주기를 바란 것이지요. 너무 큰 모순이 아닐까요?

　욕구를 진지하게 들여다보고, 가장 원시적이면서도 근본적인 욕망을 살펴보면, 욕망은 사람과 동물의 근본이라는 사실을 알 수 있습니다. 근본적으로 필요한 것이니 문제가 될 게 없고요. 그럼 진짜 문제는 무엇일까요? 진짜 문제는 우리가 욕구의 양을 통제할 수 없다는 겁니다.

　호랑이 한 마리가 초원에 있다고 합시다. 호랑이가 한 마리만 있을 때는 문제가 별로 없습니다. 그런데 호랑이가 한 마리가 아니라 한 무리가 있다면 초원에 사는 사슴 처지에선 호랑이가 큰 문제일 것입니다. 무리를 이룬 호랑이가 많은 사슴을 잡아먹을 테니까요. 또 사슴 몇 마리로 초원 생태계가 파괴되지는 않겠지만 사슴 무리의 수가 너무 많으면 생태계를 교란하거나 파괴할 수 있습니다. 사슴이 풀을 다 뜯어 먹어 버리면 전체 환경 생태계에 충격을 줄 테니 말입니다. 이처럼 욕구 그 자체는 문제가 아니지만, 원하는 게 너무 많으면 문제가 됩니다.

욕망은 사람과 동물의 근본입니다. 근본적으로 필요한 것이니 문제가 될 게 없고요. 그럼 진짜 문제는 무엇일까요? 진짜 문제는 우리가 욕구의 양을 통제할 수 없다는 겁니다.

따지기를 좋아하는 사람 마음

가장 원시적인 욕구의 수량 문제로 돌아가 봅시다. 욕구는 왜 기본적인 마지노선을 넘어서는 걸까요? 욕구는 왜 계속 늘어나는 걸까요? 가장 주된 이유는 사람 마음에 다양한 셈법이 있기 때문입니다.

　돈이 없었던 사람에게 별안간 백만 원이 생겼다고 합시다. 그 사람은 생각지 않게 별안간 생긴 돈 덕분에 더없이 기쁠 것입니다. 그래서 이렇게 생각할 수도 있습니다. "백만 원이 생기다니 대박이네. 이백만 원이 생기면 두 배로 기쁠 거야." 이런 생각을 하는 건 인지상정입니다. 사람들은 재산이 많으면 많을수록 좋다고 생각하니까요. 하지만 그 사람이 놓친 게 하나 있습니다. 수중에 돈이 두 배로 늘어난다고 하더라도 그가 느끼는 기쁨까지 두 배로 늘어날 수는 없다는 사실입니다.

　사람은 생각이 단순합니다. 어떤 일을 하거나 외부에 있던 어떤 것을 얻으면 일상이 더 행복해질 거라 여깁니다. 바로 이런 생각 때문에 욕망은 한도 끝도 없이 많아집니다. 사람들은 생각합니다. "이걸 가지면 더 행복해질 거야. 저걸 얻으면 더 행복해질 거야." '원하는 것'과 '탐욕'은 밑 빠진 독처럼 끝이란 게 없습니다. 그래서 부처님은 탐욕과 집착을 소유하지 말아야 할 것으로 여겼습니다. 이 두 번뇌는 끝없는 괴로움을 동반하기 때문입니다.

왕과 욕심 많은 농부

탐욕과 욕망은 왜 괴로움을 동반할까요? 먼저 탐욕이 어떻게 생기는지를 살펴봅시다. 우리가 쇼핑몰에 갔다고 합시다. 마음에 드는 상품들이 눈에 들어옵니다. 이것도 갖고 싶고 저것도 사고 싶습니다. 그것이 '필요한 것인지' 아니면 그것을 '갖고 싶은 것인지'를 곰곰이 따져보기도 전에 충동구매는 이미 끝나 있습니다. '갖고 싶다'라는 마음은 그렇게 충족됩니다.

하지만 우리의 마음은 그것으로 만족하지 않습니다. 그보다 더 예쁘고 매력적인 사람이 있고, 보다 더 흥미로운 상품이 끊임없이 탐욕에 유혹의 손길을 보내오기 때문입니다. 욕망은 점점 늘어납니다. 욕망의 특성은 늘어날수록 강해진다는 것입니다. 이렇게 강렬한 욕망은 다시 '탐'이 되고, '탐'이 생기면 맹목적이 되어 일의 제 모습을 분명히 파악할 수 없게 됩니다.

옛날에 인자한 왕이 한 명 있었습니다. 왕은 불교로 나라를 다스렸고 질서정연하게 국가를 통치했습니다. 어느 날 객지에서 이리저리 떠돌며 고생하던 농부가 왕을 찾아와 울며 하소연했습니다.

"위대하신 임금님! 저는 가난한 농부인데 땅이 없어서 살기가 어렵습니다. 곡물을 심을 수 있게 땅 한 뙈기만 내려 주십시오."

인자한 왕이 대답했습니다.

"그러지. 내 너에게 땅을 하사할 터이니 내일 아침 일찍 다시 이곳으로 오너라."

다음날 왕은 왕궁에 온 농부를 궁 밖으로 데리고 나가서는 그에게 다음과 같이 말했습니다.

"어제 나는 네게 땅을 주기로 약속했다. 이제 여기에 기준이 되는 선을 하나 그을 것이다. 너는 여기에서 출발해 최대한 멀리 가거라. 네가 밟은 땅은 모두 네게 주겠다. 그런데 조건이 하나 있다. 반드시 해가 떨어지기 전에 출발점으로 되돌아와야 한다."

예전부터 커다란 땅을 갖기를 꿈꿨던 농부는 이 말을 듣고 몹시 기뻐하며 재빨리 발을 내디뎠습니다. 그리고 최대한 멀리까지 걸으려고 정신없이 걸었지요. 그런데 걷고 또 걷다 보니 문득 왕이 내건 조건이 생각났습니다. "반드시 해가 떨어지기 전에 출발점으로 되돌아와야 한다." 그러나 이미 돌아가기엔 늦은 시각이었습니다. 탐심 때문에 정신이 나가서 어쩌다 보니 너무 멀리 와버렸고, 해가 떨어지기 전까지 출발했던 지점으로 돌아갈 수 없게된 겁니다. 농부는 해가 서서히 서쪽으로 떨어지는 것을 바라보았고, 그리도 꿈꿨던 땅은 물거품이 되고 말았습니다.

대다수가 이 농부와 똑같으리라 생각합니다. 왕이 내건 조건은 싹 잊어버리고 어떻게 하면 가능한 한 많은 땅을 얻을 것인지만 생각하는 것이지요. 99퍼센트의 사람은 한 걸음을 내디디며 바로 다음 걸음, 또 그다음 걸음을 생각할 것입니다. 그리고 한 걸음을 내디딜 때마다 머릿속에는 어떻게 하면 더 많은 땅을 얻을까 하는 생각뿐이겠지요. 이처럼 '탐'이라는 감정은 사람을 맹목적으로 만들고 진실을 대하는 눈을 어둡게 만듭니다.

욕심에서 인격의 본색이 드러난다

탐욕이 강한 사람은 대개 이기적인 사람인 경우가 많습니다. 로또를 사본 경험이 있나요? 1등에 당첨되길 바라곤 하지요? 때때로 우리는 돈을 벌어 부자가 되고 싶어 하고, 고속 승진하여 부자 대열에 오르고 싶어 하기도 합니다. 하지만 현실 생활에선 하룻밤에 벼락부자가 되는 지름길 같은 건 없습니다. 그런데 어느 날 누군가가 갑자기 당첨 규칙을 바꿔 우리가 로또에 당첨될 확률이 크게 높아졌다고 합시다. 쉽게 1등에 당첨될 수 있게 된다면 돈을 벌고자 하는 사람들의 욕망이 치솟고, 다들 로또를 한 장씩 사서 자신의 운을 시험해 보고 싶어 할 것입니다.

사심 없이 타인을 돕고자 하는 내면의 본성을 탐욕이 가려 버리는 상황도 있습니다. 어느 날 갑자기 우리에게 로또 1등 당첨자의 이름과 숫자를 쓸 수 있는 특권이 생긴다면 '탐'이 툭 불거져 나올 겁니다. 이런 경우 많은 이들은 이기적인 성향을 드러냅니다. 나보다 더 그 돈이 필요한 동료가 있는 것을 뻔히 알면서도, 병을 치료할 병원비가 급히 필요한 가난한 사람이 있는 걸 보면서도, 그들의 아픔은 나와 무관해집니다. 우리는 타인을 위해 돈 벌 기회를 버릴 만큼 고결하지 않습니다. 대부분은 아무래도 자신이 1등에 당첨되는 쪽을 택하겠지요.

　동화에 나오는 뻐꾸기 이야기를 들어보셨나요? 아이들이 좋아하는 동화에는 뻐꾸기 이야기가 곧잘 나옵니다. 뻐꾸기는 논밭을 가는 봄철에 숲속을 이리저리 날아다니며 '뻐꾹뻐꾹…' 하는 아름다운 소리를 냅니다.

　뻐꾸기는 좋은 목소리를 가졌지만 사실 새의 세계에선 알아주는 깡패입니다. 못된 짓이란 못된 짓은 다 하는 나쁜 새지요. 특히 엄마 뻐꾸기는 심보가 아주 고약합니다. 다른 새가 먹이를 찾으러 밖으로 나간 사이에 다른 둥지에 몰래 알을 낳고는 자기 대신 다른 새가 알을 부화하도록 합니다. 고생스럽기 짝이 없는 부화 과정을 전부 '외주'로 처리하는 것이지요. 그렇게 태어난 새끼 뻐꾸기는 엄마의 교활한 성격을 물려받고, 자신이 살기 위해 아직 부화되지 않은 다른 새의 알을 둥지 밖으로 차 버립니다. 그 알들은 바닥에 떨어져 으스러지지요. 그렇게 해야 '양어머니'가 마음을 집중하고 힘을 다해 자신을 돌볼 수 있으니까요.

제가 열여덟 살 때 승원(僧院)의 한 선생님께서 티베트어 문법과 시문학을 주요 시험 과목에 넣으려고 하셨습니다. 그때 시험 담당 위원들이 특별히 저를 찾아와 이 문제에 관해 이야기했어요. 그분들은 제게 티베트어 문법이나 시문학이 주요 과목으로 들어가면 높은 점수를 얻지 못할 가능성이 크다고 조심스럽게 알려주었습니다. 제가 잘하는 과목들이 아니었기 때문이지요. 시험에 불교학 교리나 교리를 토론하는 대론과 같은 내용만 나온다면 시험을 아주 잘 볼 수 있었을 겁니다. 그렇지만 저는 "승원에서 고려해야 할 점은 모든 학생의 이익이며, 그 과목들을 시험에 포함하는 것이 학생들에게 도움이 된다면 높은 점수를 받지 못해도 괜찮고, 시험은 공정해야 한다"라고 위원들에게 말했습니다.

때때로 사람들은 지나치게 똑똑하게 마음속 계산에 능숙하고, 사회에서 맞닥뜨리는 치열한 경쟁 때문에 뻐꾸기를 닮아 갑니다. 즉 '남이 아니라 나'라는 식이어서 손을 잡고 함께 잘 지낼 도리가 없습니다. 많은 이들이 어쩔 수 없이 떠밀려 하는 인생의 선택처럼 자신과 타인을 저울 양 끝에 놓습니다. 대학 시험을 예로 들면, 내가 어떤 대학에 붙으면 그 학교의 입학 정원은 한 명 줄어듭니다. 취직도 마찬가지입니다. 유명한 다국적 기업에 사람들이 꿈에 그리던 일자리가 생겼다고 합시다. 내가 그 직장에 들어가면 승승장구하며 잘나갈 수 있겠지요. 하지만 같은 시기에 그

직장에 들어가고 싶어 했던 친구는 그 대기업에 들어갈 입장권을 얻을 수 없게 됩니다. '어쩌면 그 친구가 나보다 더 그 일이 필요한 게 아닐까?'와 같은 선량한 생각은 보통 우리를 비껴가지요. 대부분은 위로 올라가는 과정에서 상대방보다는 자신을 먼저 생각합니다. 물론 인간 만사는 새옹지마라 했으니, 꼼꼼히 계산하고 고심해서 계획을 세운다고 해서 꼭 덕을 보는 건 아닙니다. 때로는 어리석은 이도 그 나름의 복을 얻기도 합니다.

옛날에 아주 부유한 상인이 있었습니다. 사람이 영리해서 재산을 많이 모았어요. 어느 날 장부를 훑어보던 상인은 자신에게 반 냥을 빚진 사람이 있는데 돈을 갚기로 한 날이 5년이나 지났다는 걸 발견했습니다. '이를 어쩐다?' 영리한 상인은 바로 일어나 집을 나서서 그 사람에게 빚을 받으러 갔습니다.

빚진 사람은 아주 먼 곳에 살고 있었습니다. 그래서 상인은 궂은 날씨를 뚫고 길을 재촉했고 큰 강 앞에 다다랐습니다. 상인은 강변에서 뱃사공을 하나 발견하고는 두 냥을 주고 강을 건넜습니다. 강을 건넌 후 여기저기 찾아보았지만 그를 찾을 수가 없었습니다. 그래서 다시 두 냥을 주고 강 건너편으로 돌아왔습니다. 상인은 반 냥을 돌려받자고 힘들게 뛰어다녔지만 한 푼도 받지 못하고 도리어 네 냥을 잃었습니다. 얻은 것보다 잃은 것이 많은 것이지요.

긍정적 사고방식과 부정적 사고방식

앞서 이야기한 상인처럼, 온갖 궁리를 다해 자신이 번 한 푼까지 세세히 계산하고, 모든 일이 자기 손바닥 안에 있다고 여기며 푼 돈 몇 푼까지 일일이 따진다 한들 원래 기대했던 결과를 얻을 수 없습니다. 우리도 이 상인과 같을 때가 종종 있습니다. 이득을 얻는 데 급급해 미래를 설계하곤 하지요. 사람들은 미리미리 대비하길 좋아합니다. 아직 일어나지 않은 일에 이런저런 결과를 앞서 생각해 놓곤 합니다. 그리고 욕망에 내몰리면 인생의 계획은 점점 더 방대해지고 겉으로 보이는 인생을 좇는 함정에 빠지게 됩니다.

　미래를 위해 셈을 할 때 긍정적인 생각을 하는 사람이 있고 부정적인 생각을 하는 사람이 있습니다. 사실 우리가 미래를 어떻게 계획하든, 그리고 우리 생각과 기대대로 일이 일어나 주길 얼마만큼 기대하든, 긍정적인 생각을 지닌 사람이 계획하는 미래라고 해서 꼭 그대로 되리라는 법이 없으며, 부정적인 생각을 지닌 사람이 원하는 미래 역시 정말 그대로 이뤄지는 건 아닙니다. 저는 어릴 때부터 긍정적인 생활 태도를 기르려고 노력했습니다. 그리고 미래를 계획하는 대신 모든 것을 부처님께 맡기고, 내 인생을 온전히 부처님이 결정하도록 맡겼습니다.

　신기하게도 미래를 계획하는 일을 그만두고 나자 인생의 거의 모든 일이 제 뜻대로 이루어졌고 제가 원하는 방식으로 진행되었습니다. 마음의 간절한 소원을 이룬 비결이 뭐냐고 제게 묻는다면 저는 이렇게 대답할 것입니다.

"인생에서 일어나는 모든 일을 받아들이세요. 그렇게 담담하게 받아들일 수 있다면 자신이 얻는 것이 바로 자신이 원하는 것입니다."

신기하게도 미래를 계획하는 일을 그만두자 인생의 거의 모든 일이 제 뜻대로 이루어졌고 제가 원하는 방식으로 진행되었습니다.

인생에서 일어나는 모든 일을 받아들이세요.
그렇게 담담하게 받아들일 수 있다면
자신이 얻는 것이 바로 자신이 원하는 것입니다.

©정화숙

2장 더는 타인의 기대를 짊어지지 말자

현대인은 늘 내면에서 결핍감을 느끼지만, 사물에는 양면이 있기 마련입니다. 지나치게 겉으로 드러나는 것을 신경 쓰며 한도 끝도 없이 갈구하다 보면 마음에서 무력감과 결핍감이 쉽사리 솟아납니다. 내면의 번뇌와 고민은 특히 우리가 가장 신경 쓰는 인간관계에서 잘 드러납니다.

직장에서든 학교에서든 가정에서든 인간관계는 모든 사람의 필수 과제입니다. 사람들은 자신이 다른 사람들과 친하게 잘 지내길 원하고 좋은 인간관계를 맺고 싶어 하지요. 하지만 변화가 빠르고 스트레스가 큰 현대 사회에서 우리는 항상 생각지 못한 상황에 맞닥뜨리고, 속해 있는 인간관계나 그룹에서 충분한 지지를 받지 못하는 경우 또한 많습니다. 왕따나 따돌림 때문에 몸과 마음에 크고 작은 상처를 받는 사람도 많고요.

가정이나 직장에서도 짜증 나는 일들이 넘쳐납니다. 사람들 속에 있지만 좀처럼 소속감을 느끼지 못하고 외로움과 상실감을 느낍니다. 다른 사람과 같이 있으면 긴장이 되고 도무지 편하지 않습니다. 직장에서는 치열한 경쟁에 내몰려 관계가 냉담해지고 팽팽해집니다. 달콤했던 결혼생활은 틈이 벌어지고 서로에 대한 신뢰가 옅어지면서 비난과 의심만 남습니다. 부모는 매일 다른 집 자식들이 잘나간다고 부러워하며 자기 자녀에게 부담을 줍니다. 이처럼 정말 생각만 해도 머리가 지끈거리는 각양각색의 수없이 많은 문제가 존재합니다.

원래 편하고 자유로웠던 관계가 왜 별안간 변질되었을까요? 왜 서로 눈을 부라리게 되었을까요? 주된 원인은 역시 우리 자신에게 있다고 생각합니다. 사람과 관계를 맺을 때 우리는 종종 상대방에게 어떤 기대를 품곤 합니다. 그러다가 기대했던 결과를 얻지 못하면 상실감과 불만이 생깁니다. 남편이나 아내가 결혼기념일을 잊어버리거나 남친이나 여친이 문자메시지를 읽고도 답을 안 하는 경우를 비롯하여 자기 뜻처럼 훌륭한 사람으로 자라주지 않는 자녀를 아쉬워하는 부모 등등. 이런 기대는 『서유기』에서 삼장법사가 손오공의 이마에 채운 금테를 조일 때 외우는 주문인 긴고주와 비슷합니다. 관계를 평화롭게 만들기는커녕 오히려 충돌을 빚어 내기가 쉽습니다. 그러므로 인간관계에서는 기준을 너무 높게 잡지 말아야 합니다. 그래야 삶이 편해지고 서로를 대할 때 더 많은 여유가 생깁니다.

'기대'라는 말이 나오니 예전에 제 수업을 들으러 왔던 학생들이 떠오릅니다. 수업을 듣기 전에 학생들은 저를 나이가 지긋한 린뽀체라고 생각하고 있었다고 합니다. 그래서 제가 교실에 들어서자 학생들은 놀라서 턱이 빠질 지경이었지요. 생각이 드러난 세계와 진실한 세계 사이에는 늘 거리가 있기 마련입니다. 너무 자신만 생각해 내면의 기대를 일방적으로 상대방에게 요구하고 상대가 자기 생각대로 해주기만을 바란다면 쉽게 기분이 상할 수 있습니다.

옛날에 이런 속담이 있었습니다. "가장 행복한 남편은 누굴까? 가장 운이 좋은 아내는 누굴까?" 생활이 단순했던 옛사람들이 마음속으로 생각한 전형적이고 이상적인 남편은 아내가 필요로 하는 것을 살 만큼 충분한 돈이나 그보다 더 많은 돈을 벌 수 있는 사람이었습니다. 이런 남편이야말로 좋은 남편이었고, 이런 남편을 얻은 여인이 가장 운이 좋은 아내였습니다. 아내가 날마다 기분이 좋으면 남편도 자연스레 행복한 남편이 되었고요.

하지만 현대인은 마음이 복잡해서 아주 작은 일로도 걸핏하면 비난을 주고받고, 한 번 삐끗하면 관계에 균열이 생깁니다. "집집마다 문제없는 집이 없다"라는 말이 있지요. 특히 요즘 아이들은 고생이 많습니다. 아이들을 학원에 보내는 부모가 많다고 들었어요. 아이는 학교 수업이 끝나도 긴장을 풀고 즐겁게 어린 시절을 마음껏 누릴 수가 없습니다. 아이의 하루는 부모가 짜준 일정으로 빼곡합니다. 월요일에 음악학원, 화요일에 미술학원, 수요일에 영어학원…. 부모는 기대에 찬 눈으로 아이를 바라보며 내 아이가 최고가 되길, 반에서 제일 우수한 학생이 되길 바랍니다. 하지만 이렇게 강도 높은 공부를 통해 아이가 얼마나 많은 지식을 흡수하고 얼마나 많은 기능을 익힐 수 있을까요? 아이가 정말로 공부를 즐거워할까요? 사실 부모도 잘 모를 겁니다.

기대보다는 책임을

한 20여 년 전쯤 제 남동생이 대학에 갈 준비를 할 때였습니다. 우리 형제는 깊은 대화를 나누었고 제가 동생에게 말했습니다. "대학에서 공부하는 게 즐겁지 않으면 대학을 다니지 않아도 돼." 만약 제 부모님이 이 대화를 들으셨으면 분명 저를 나무라셨을 겁니다. 부모님은 많은 애를 쓰고 돈을 들여 무사히 동생을 미국에 있는 대학에 보내셨거든요. 그런데 형이라는 사람이 동생더러 즐겁지 않으면 공부를 그만두라고 했으니까요.

물론 제 조언이 전부 옳은 건 아니었습니다. 그렇다고 옳지 않은 것도 아니었습니다. 저는 그저 순수하게 동생에게 맞는 조언을 했습니다. '제가 원하는' 조언을 한 게 아니었지요. 그래서 다른 사람과 관계를 맺을 때는 타인에 대한 기대가 아니라 타인에 대한 책임이 바탕이 되어야 합니다.

다른 사람과 관계를 맺을 때는 타인에 대한 기대가 아니라 타인에 대한 책임이 바탕이 되어야 합니다.

한 꼬마가 엄마에게 물었습니다.

"엄마는 내가 커서 뭐가 됐으면 좋겠어?"

엄마가 대답했습니다.

"엄마는 네가 커서 행복한 사람이 됐으면 좋겠어."

이 말을 듣고 아이는 실망했습니다. '다른 친구의 엄마들은 다들 실력 좋은 훌륭한 의사가 되거나 사람들의 존경을 한몸에 받는 과학자, 창의성이 무한한 발명가 또는 대통령이나 유명한 스타가 되길 바라는데, 우리 엄마는 왜 내가 그냥 행복한 사람이 되기만을 바라는 걸까?'

아이는 어른이 되고 나서야 알았습니다. 행복한 사람이 되는 게 얼마나 어려운 일인지를.

그래서 부모와 자녀의 관계를 잘 다스리기 위해서든 부부관계를 개선하기 위해서든, 또는 바람직한 동료관계를 맺기 위해서든 실제와 맞지 않는 기대를 품어서는 안 됩니다. 그보다는 자신이 져야 할 책임은 무엇인지를 되짚어 보아야 합니다. 엄마라면 아이에게 어떤 책임을 져야 할까? 부부(夫婦)라면 서로에게 어떤 책임을 져야 할까? 자식은 부모에게 어떤 책임을 져야 할까? '나의 기대'가 충족되었는가에만 시선을 두지 말고 상대방에게 눈을 돌려야 합니다. "나는 내가 져야 할 책임을 다했을까?" 자기중심적으로 좁게 한정했던 기준을 버리고 사랑과 배려로 감당해야 할 책임을 지면서 서로의 관계를 개선할 수 있다고 믿어 보세요.

행복을 찾는 비법

기대는 일종의 욕구입니다. 기대치가 높다면 욕구는 끊임없이 늘어나고, 이렇게 절제 없는 욕구는 다시 '탐'(貪)이라는 것으로 바뀝니다. 탐욕이 채워지지 않는다면 괴로움이 생겨납니다. 하지만 괴로워지기를 원하는 사람은 없습니다. 사람들은 행복을 얻고 싶어 하며, 이는 행복을 갈구하는 사람의 천성입니다. 그러면 이제 다시 간단한 질문으로 돌아가 봅시다.

"우리는 어떻게 해야 더 행복할 수 있을까?"

모두 행복해지길 원하고 모두가 행복을 추구하는데, 그럼 진정한 행복이란 도대체 무엇일까요? 많은 사람은 '돈이 있으면 행복할 것이다, 눈 깜짝하지 않고 돈을 쓰는 게 행복이다, 고급주택에 살고 맛있는 음식을 많이 먹는 게 행복이다'라고 여깁니다. 이것이 다수의 생각입니다.

한번은 불교 강의를 하러 뉴욕에 갔습니다. 어느 날 제자와 함께 길을 걷고 있는데 한 행인이 우리를 보고 궁금해하며 말을 걸어왔습니다.

"이 붉은 가사를 입으신 분은 누구십니까?"

제자가 말했습니다.

"제 스승님이십니다."

행인은 흥미로운 듯이 계속 질문했습니다.

"스승님은 평소에 뭘 가르치시는데요?"

제자가 대답했습니다.

"스승님은 평소 저희에게 어떻게 하면 꿋꿋하고 행복하게 지낼 수 있는지를 가르쳐 주십니다."

이 말을 들은 행인은 눈을 반짝 빛냈습니다.

"그건 간단하지요. 페라리 한 대를 얻는다면 저는 행복해서 잠도 못 잘 것 같습니다."

이게 바로 많은 이들의 가치관입니다. 부를 행복과 동일시하며, 돈 있는 사람은 틀림없이 엄청나게 행복할 거라고 생각합니다. 재산이 많은 사람은 전 세계를 사들일 능력이 있을 테고, 그들의 행복지수는 보통 사람의 몇 배는 되리라 생각합니다.

어떤 이들은 이런 말을 들으면 "꼭 그런 건 아닐 텐데" 하며 고개를 절레절레 흔들 겁니다. 돈이 있는 사람도 때로는 말로 다 할 수 없는 괴로움 속에서 지냅니다. 인생의 목표가 없어 재산을 날리는 사례가 허다합니다. 부의 많고 적음이 행복의 정도와

정비례하는 건 아닌 듯합니다.

사실 이렇게 말하는 사람 중에 90퍼센트 이상은 그렇게 두둑한 재력이 없습니다. 돈 있는 사람들은 이렇게 생각하지요. "더 많이 사고 더 많이 가질 수 있으면 더 행복할 것이다."

돈 있는 사람의 생각은 언뜻 합리적으로 보입니다. 그러나 아무리 완벽한 생각에도 빈틈은 있는 법인지라 남모를 비밀이 빠져 있습니다. 바로 "쇼핑을 하면 더 행복해지지만, 그런 행복은 아주 잠깐만 느낄 수 있다"라는 사실입니다. 다 쓰지 못할 만큼 돈이 너무 많아 사고 싶은 대로 다 사면 물건을 사는 당시에는 확실히 행복하고 즐거운 느낌이 생깁니다. 하지만 이 행복한 느낌은 지속되지 못합니다. 배가 고파 꼬르륵 소리가 나는데 마침 회식에 참여했고 맛있는 음식들이 테이블에 가득합니다. 이런 때에는 뭘 먹어도 굉장히 맛있고 얼굴에 만족스러운 미소가 피어납니다. 하지만 얼마 지나지 않아 포만감이 생기면 음식 맛이 별로라고 생각되며 조금 전까지 좋았던 느낌은 사라집니다.

행복으로 가는 길

같은 이치로 사람들은 더 많이 사고 원하는 게 더 많아지면 더 행복하리라 생각합니다. 돈을 더 많이 벌고 더 많은 것을 얻으면 더 즐거우리라 생각하지요. 이런 심리 시스템의 작용으로 행복해지고 싶다는 생각이 들고, 나아가 더 많은 마음속에 욕망과 욕심이 솟아납니다.

하지만 "일이 뜻대로 되지 않는다"라는 말도 있듯이 행복을 찾기 시작할 때마다 오히려 행복을 얻지 못할 때가 많고, 행복하게 살고 싶은데 아주 힘들게 사는 경우가 많습니다. 물에 빠진 사람이 죽기 직전까지 끊임없이 발버둥 치지만 발버둥을 치면 칠수록 몸은 서서히 물밑으로 가라앉는 것과 비슷합니다. 그의 몸은 죽고 나서야 다시 수면 위로 떠오르지요. 보다 더 잘 살기 위해 몸부림치며 행복을 찾아 헤맬 때는 행복을 얻지 못하는데, 일부러 찾아 나서지 않으면 오히려 행복이 제 발로 찾아오는 경우가 많습니다. 이게 바로 인생을 살아가는 비밀이며, 많은 이들이 알지 못하는 삶의 법칙입니다. 일부러 억지로 찾으면 손에 쥐어지지 않고, 손에서 놓으면 더 많은 것을 얻습니다.

저는 수업을 할 때마다 학생들에게 "불법을 제대로 수행하는 사람은 딱 두 종류다. 하나는 최고로 총명한 사람이고, 다른 하나는 바로 살짝 미친 사람이다"라고 말합니다. 이 세상에서 필사적으로 행복을 추구하지 않아도 되는 사람도 역시 두 종류가 있습니다. 하나는 최고로 총명한 사람이고, 다른 하나는 살짝 미친 사람입니다.

이 이치를 통달하면 행복의 방정식을 터득하게 됩니다. **"행복해지고 싶거든 행복을 추구하지 마세요. 그러면 행복을 얻**

을 수 있습니다. 필사적으로 애써서 행복을 좇으면 행복은 오히려 점점 더 멀어집니다." 이제 인생의 비밀을 알려드렸으니, 행복하게 살고 싶으면 행복한 인생을 좇기에 급급하지 말고 완전히 손을 놓으십시오.

한번은 크게 성공한 어떤 분과 이야기를 나누었습니다. 그분은 하늘 높이 떠 있는 해처럼 사업이 전성기를 달리고 있었으며 사업의 규모도 아주 컸습니다. 제가 물었습니다. "사업을 할 때 제일 즐거운 일이 무엇입니까?" 그분이 대답했습니다. "돈을 벌고 그 돈을 제가 가장 하고 싶은 일에 쓸 때가 가장 행복한 순간입니다." 억지로 행복을 추구하거나 뭔가를 얻어서 행복해지는 게 아닙니다. 어쩌면 행복은 자연스럽게 나타납니다.

행복해지고 싶거든 행복을 추구하지 마세요. 그러면 행복을 얻을 수 있습니다. 필사적으로 애써서 행복을 좇으면 행복은 오히려 점점 더 멀어집니다.

어떤 행복이 진정한 행복인가

"행복을 추구하지 않으면 행복을 얻는다." 인생의 비밀 방정식입니다. 그런데 이 방정식은 우리의 습성과 완전히 상반됩니다. 우리는 늘 행복을 추구하고 원하는 걸 얻으려 노력합니다. 이런 일을 하거나 저런 노력을 하면 이런 혹은 저런 성취를 얻으리라고 생각하지요.

부모들도 마찬가지입니다. 부모들은 일찌감치 자녀를 대신해 자녀의 일생에 대한 계획을 끝내고 완벽한 상상의 청사진을 그려 놓습니다. 어렸을 때는 열심히 공부해서 남보다 훌륭하게 자라야 하고, 커서는 좋은 곳에 취직해 안정적인 수입을 얻으며, 결혼해서 아이를 낳고 집을 사고….

부모는 자녀를 인생 승리팀에 들여보내려고 노력합니다. 어떤 측면에서는 부모들의 이런 생각에 동의합니다. 부모의 계획을 그대로 따르면 대부분은 걱정 없이 안정적으로 살 수 있을 겁니다. 이 인생 방정식은 꽤 완벽해 보입니다. 그러나 현실에 대입해서 보면 어떨까요? 100명의 아이가 공부를 한다고 칩시다. 그중 10명은 명문대에 들어가고 나머지 90명은 그냥 평범한 일반대에 들어갑니다. 심지어 대학에 못 가는 아이도 있습니다. 그럼 이 90명의 아이는 평생 '루저'로 살 운명이 되고 장래가 밝지 못한 걸까요? 곰곰이 생각해 봐야 할 문제입니다.

현재 전 세계의 최고 부자들을 살펴보면 성공한 사람은 딱 맞는 인생의 청사진을 따라 최정상에 도달한 게 아님을 알 수 있습니다. 종종 학생들에게 이런 농담을 합니다. "백만장자들은 대학도 안 나온 경우가 많은 걸 보면 성공과 학력이 꼭 등호로 연결

되는 건 아닌 것 같다. 자기에게 맞는 특장점을 찾아 잠재력을 잘 발휘하면 대학 졸업장이 없어도 사람들이 부러워하는 인생을 살 수 있다. 그렇지 않은가?"

위대한 물리학자인 아인슈타인은 이런 명언을 남겼습니다. **"모두가 천재입니다. 하지만 나무 타기 실력으로 물고기를 평가한다면, 물고기는 평생 자신이 형편없다고 믿으며 살아갈 것입니다."** 아이마다 기질이 다릅니다. 어떤 아이는 나무 타기를 잘하고, 어떤 아이는 수영을 잘합니다. 아이가 정말 형편없는지 아닌지는 한 가지 기준으로만 평가할 수 없습니다. 나무를 타라고 물고기를 내몬다면, 그 물고기는 당연히 영원토록 나무에 오르지 못할 겁니다. 하지만 물에 넣어 주면 물고기는 헤엄을 아주 잘 칠 수 있습니다. 그래서 "적성을 살려야 한다"라는 말을 흔히 합니다. 자기 적성에 맞는 특기를 찾아야 하며, 함부로 자기 능력을 저평가하지 말고 스스로 자신감을 가져야 합니다. 쓸모없어 보이는 물건도 다 제 용도가 있기 마련이므로 우리가 잘하는 게 분명히 있고, 우리가 다른 사람보다 더 잘할 수 있는 일이 있습니다. 자기 자신에게 이런 믿음을 가져야 합니다.

어떤 인생이 진짜 성공한, 그러면서도 행복한 인생인지 다시 한번 생각해 봅시다. 이 시점에서 이렇게 자문할 수 있을 겁니다. "나는 어떤 인생을 원하는가? 나는 어떤 인생을 성공한 인생이라고 정의하는가?" 부모들 자신도 이 질문에 확실하게 답하지 못하리라 생각합니다. 성공한 인생이라 하면 많은 부모는 으레 단순한 기대만을 갖습니다. "우리 아이가 공부만 열심히 하면 좋은 대학에 입학할 거고, 대학 졸업장이 있으면 사회에 나가서 좋은 곳에 취직할 거야. 좋은 직장에 들어가면 괜찮은 연봉을 받을 테고, 돈과 명예가 있으면 인생은 자연히 행복해지는 거지." 부모는 자녀가 안전하게 목표에 도달하도록 리스크가 비교적 적은 길을 선택합니다.

부모들은 자녀를 위해 상대적으로 안전하면서 쉽게 성공에 이르는 길을 구상합니다. 부모님이 정해 놓은 길을 따라가면 조건이 좀 더 좋아지고 삶이 좀 더 편해질 수도 있겠지요. 성과를 내서 이름을 알리고 인생 승리팀에 들어갈 수도 있습니다. 하지만 부모가 계획해 놓은 길을 따라간다고 해서 반드시 행복을 얻는 건 아닙니다. 정답이 꼭 정해져 있는 건 아니니까요.

일상에 여유가 있는지 편하게 생활할 수 있는지는 외적인 돈이나 물질로 가늠할 수 있지만, 내면의 행복은 외적인 물질이나 돈으로 짐작할 수 없습니다. 행복은 추상적인 느낌이기에 황금으로 만든 집에 살면서도 마음에는 괴로움이 가득할 수 있고, 단칸방에 살지만 마음은 즐겁고 더없이 자유로울 수 있습니다.

그럼 이제 우리의 내면을 들여다보고 자신에게 물어봅시다. "지금 나는 행복한가? 지금 나는 즐거운가? 지금 내가 가진 모든 것에 만족하는가?" 마음을 차분히 가라앉히고 자신에게 이런 질문을 해 보면 행복이 외적인 물질 조건과는 사실 그다지 큰 관련이 없다는 사실을 알게 될 것입니다.

　여행을 하면서 시골을 지나다 보면, 그곳에 사는 가난한 사람들이 물질 환경은 그리 좋지 않지만 도시 사람들보다 훨씬 밝고 환하게 웃는 광경을 자주 접합니다. 도시 사람들은 말끔하고 멋진 옷차림을 하며 물질 등 여러 면에서 최고의 환경을 누리지만, 길거리를 걷고 있는 건 포커페이스입니다. 마음은 고민투성이이고 조금도 즐겁지 않습니다. 이렇듯 행복은 외적인 소유나 소득과 꼭 정비례하지는 않습니다. 우리가 행복을 느끼는 핵심은 그보다 더 중요한 것들에 있습니다.

　행복은 외적인 소유나 소득과 꼭 정비례하지는 않습니다. 우리가 행복을 느끼는 핵심은 그보다 더 중요한 것들에 있습니다.

정말로 내려놓는다는 것은?

지나치게 명예와 이익을 추구하기보다는 내려놓을 줄 아는 것이야말로 행복을 얻기 위한 관건이 아니냐고 묻는 사람이 있을 것입니다. 이 이야기를 꺼내니 중국 인터넷에서 유행했던 '불계'(佛系)라는 단어가 떠오릅니다. '불계'란 불교에서 말하는 '내려놓음'과

아주 비슷하게 '아무것도 하지 않고 모든 것을 담담하게 보면 성공은 자연스럽게 온다'라고 하는 생활 태도라고 합니다.

'불계'라는 단어로부터 여러 재미있는 명사가 생겨났습니다. 우선 '불계로 돈 버는 법'입니다. 머리 쓰지 않고 힘도 쓰지 않고, 해야 할 일을 하지 않고 담당자를 무시하며 게임이나 하고 쓸데없는 글이나 올리는데 시간이 되면 돈이 저절로 입금됩니다. '불계 재테크'란 주식 거래 경향을 분석하거나 공부하지 않아도 시간이 되면 주식이 저절로 돈을 벌어들이는 방법입니다. '불계 다이어트'라는 것도 있습니다. 매일 먹방을 일삼지만, 시간이 되면 저절로 살이 빠지는 겁니다.

이와 같은 '내려놓음'의 생활관은 대부분 사람들에게 재미를 주고 긴장을 풀어주는 우스갯소리에 불과합니다. 그런데 이런 유행을 보니 진정한 '내려놓음'이란 무엇일까에 대해 이야기하고 싶은 마음이 듭니다. 진정한 '내려놓음'에는 두 종류가 있습니다. 하나는 정말로 손에서 놓고 정말로 모든 일을 담담하게 바라보며 내려놓는 것입니다. 이것이 제가 생각하는 가장 정통적인 '내려놓음'입니다. 요즘 사람들이 농담처럼 이야기하는 '내려놓음'은 게으른 이들의 핑계에 지나지 않습니다. 온종일 입버릇처럼 '내려놓음'을 외치며 현실에서 도피하는 것이지요. 그러니 그들은 당연히 정말로 '내려놓지' 못하고 그 일로부터 그다지 벗어나지도 못합니다.

어떤 사람이 명상 수행을 시작하면서 애지중지하던 페라

리를 팔아 버렸다는 내용의 책을 읽은 적이 있습니다. 정신이 좀 나간 듯한 이야기로 들리지만, 사실은 정말로 지혜로운 사람임을 상징합니다. 때로는 정말로 모든 걸 버리고 원래 본인에게 속했던 것을 던져 버릴 수 있어야 합니다. 버리는 쪽을 선택하고 내려놓는다는 건 물질에서 실질적인 의미를 찾지 못했기 때문입니다.

석가모니불도 아직 싯다르타 왕자이던 시절에 모든 것을 버리고 한밤중에 왕궁을 떠났습니다. 사랑하는 부모님과 사랑하는 처자식을 두고 멀리 떠났습니다. 부처님이야말로 이 세상에서 완벽한 '내려놓음'을 제대로 실행한 이였습니다. 모든 중생을 구제하기 위해 세상 사람들이 부러워하는 모든 것을 포기하고 숲으로 가서 수행을 했습니다. 본래의 출신과 지위라면 부처님은 온 세상을 소유하고 전 왕국을 소유하여 세상에서 가장 큰 권력을 가질 수 있었습니다. 그러나 그는 머리와 수염을 깎고 마치 거지처럼 여기저기를 돌아다녔고, 무려 6년 동안 갖은 고행을 했습니다.

부처님이 숲에서 남루한 옷차림으로 열심히 수행한 것은 일종의 '내려놓기'였습니다. 거지가 부처님처럼 너덜너덜한 차림으로 숲으로 가고, 여기저기 다니며 사람들에게 "나는 모든 것을 버렸습니다. 나는 도시를 떠나 숲으로 갈 겁니다"라고 외친다고 칩시다. 거지의 외모와 행동은 부처님과 비슷해 보이겠지만 내재적인 동기는 전혀 다릅니다. 거지에게는 도시에서 구걸을 하나 숲에서 구걸을 하나 마찬가지입니다. 거지는 애초에 가진 게 아무것도 없기 때문입니다. 다른 게 있다면 숲이 도시보다 나무가 더 많다는 정도일 것입니다.

부처님이 숲으로 들어간 행동에는 큰 차이가 있습니다. 밝고 아름다운 왕궁에서 사는 것과 독사와 맹수가 출몰하는 숲에서 지내는 것은 천양지차입니다. 왕궁에서 지내던 시절에 부처님은 구걸할 필요가 없었고 매일 시중드는 궁녀도 있었습니다. 행차할 때면 수많은 수행인을 대동해 엄청난 위세를 떨쳤고, 왕궁에서도 근심 걱정 없이 지낼 수 있었습니다.

반면 혈혈단신으로 숲으로 간 부처님은 시중드는 이 하나 없이 자신의 힘으로 마을에서 매일 필요한 음식을 구걸해야 했습니다. 화려하고 아름다운 의복이나 장식을 마다하고 누더기를 기워 만든 분소의(糞掃衣)를 걸쳤습니다. 부처님이 내려놓은 건 외적인 재물에 그치지 않습니다. 탐욕, 분노와 미움, 집착도 내려놓았습니다. 그의 마음은 너른 바다처럼 맑고 깨끗하고 고요했으며 한없는 자비로 가득했습니다. 부처님은 '내려놓음'이라는 개념을 제대로 실천하고 진정으로 모든 걸 내려놓은 이였습니다.

겉보기에는 소탈하고 세상사에 연연해하지 않는 듯이 'Let it be'라고 말하는 사람들이 있습니다. 이들이 정말로 100퍼센트 완전하게 내려놓을 수만 있다면 그게 바로 '부처님 Style'이며, 그게 바로 진정한 '내려놓음'입니다. 그럴 능력은 없으면서 입으로만 'Let it be'라고 외치는 사람은 자신감이 없고 아무런 희망이 없기 때문입니다. 혹은 그냥 게을러서 마땅히 져야 할 책임을 지기 싫어서입니다. 이런 사람은 그저 '내려놓는 척'만 한 것입니다.

부처님이 내려놓은 건 외적인 재물에 그치지 않습니다. 탐욕, 분노와 미움, 집착도 내려놓았습니다. 그의 마음은 너른 바다처럼 맑고 깨끗하고 고요했으며, 한없는 자비로 가득했습니다. 부처님은 '내려놓음'이라는 개념을 제대로 실천하고 정말로 모든 걸 내려놓은 이였습니다.

진정한 '내려놓음'을 보여 준 역사 속 인물

세계에서 제가 굉장히 존경하는 세 분이 있습니다. 거의 부처님만큼이나 존경하는 분들입니다. 그중 한 분은 베트남 쩐 왕조의 제3대 황제인 인종(仁宗, 재위 1278~1293)입니다. 인종은 베트남을 통치할 때 온 힘을 다해 나라를 다스리는 여정도치(勵精圖治)로 베트남을 강성하게 하였고, 출병하여 몽골군을 세 번이나 물리쳤습니다. 그의 생전에 베트남의 국운이 융성했음에도 인종은 황궁을 떠나 사원으로 출가하여 스님이 되었으며, 세인들은 그를 '불황'(佛皇)이라고 불렀습니다.

두 번째로 존경하는 인물은 강희(康熙)의 부친인 순치황제

(順治皇帝, 재위 1643~1661)입니다. 순치황제는 만청입관(滿淸入關), 즉 만주인의 청나라 군대가 중국 산해관에 들어온 이후의 첫 번째 황제입니다. 민간에서는 그가 출가하여 스님이 되고 절에 은거했다는 여러 소문이 전해지기도 했지만, 순치황제는 출가한 적은 없고 선종 불교를 좋아했을 뿐이라는 설도 있습니다. 순치황제는 23세에 출가하며 시를 지었는데, 우리는 이것을 '순치황제 출가시'라고 합니다. 그 시의 행간에는 불교의 수행을 동경하는 마음이 반영되어 있습니다.

천하총림반사산(天下叢林飯似山)

발우도처임군찬(鉢盂到處任君餐)

황금백옥비위귀(黃金白玉非爲貴)

유유가사피견난(惟有袈裟披肩難)

짐위대지산하주(朕爲大地山河主)

우국우민사전번(憂國憂民事轉煩)

백년삼만육천일(百年三萬六千日)

불급승가반일한(不及僧家半日閒)

내시호도거시미(來時糊塗去時迷)

공재인간주일회(空在人間走一回)

미증생아수시아(未曾生我誰是我)

생아지시아시수(生我之時我是誰)

장대성인방시아(長大成人方是我)
합안몽롱우시수(合眼朦朧又是誰)
불여불래역불거(不如不來亦不去)
내시환희거시비(來時歡喜去時悲)

곳곳이 총림이요, 쌓인 것이 밥이니
대장부 어디 간들 밥 세 그릇 걱정하랴
황금과 백옥만이 귀한 줄 알지 마소
가사 옷 얻어 입기 무엇보다 어려워라
내 자신 이 국토의 주인 노릇 하느라고
나라와 백성 걱정 마음만 더욱 시끄럽네
백 년을 산다 한들 사는 날은 삼만 육천 일
풍진 밖 이 산속의 반나절에 비교하리
올 적에 몽매하고 갈 적에 미혹하니
덧없는 인간 세상 한 바퀴 도는 걸세
이 몸을 받기 전에 무엇이 내 몸이며
세상에 태어난 뒤 내가 과연 뉘이런가
자라서 사람 노릇 잠깐 동안 내라더니
눈 한번 감은 뒤에 내가 또한 누구런가
애당초 안 왔으면 갈 일도 없을 텐데
올 적에는 기뻐하고 갈 적에는 슬퍼하네

제가 존경해 마지않는 세 번째 인물은 말레이시아 거부의 아들인 아잔 시리판요(Ajahn Siripanyo) 스님입니다. 아잔 시리판요의 아버지는 말레이시아의 2대 부호이자 유명한 통신업계 재벌인 아난다 크리슈난(Ananda Krishnan, 1938~)입니다. 아잔 시리판요는 어릴 때부터 금수저를 물고 태어나 사람들이 부러워하는 삶을 살았지요. 재벌집 아들로 성인이 된 후에는 영국으로 유학을 떠났지만, 얼마 후 아주 젊은 나이에 출가해 태국의 숲속으로 가서 수행했습니다.

80억 달러의 자산가인 그의 아버지 아난다는 유료 TV, 해운, 통신 기업을 소유했으며 마하티르 전 말레이시아 총리와 개인적인 친분이 돈독하여 '마하티르가 가장 신임하는 기업가'라고 불렸습니다. 아잔 시리판요는 이렇게 부와 권력이 있는 집안의 출신임에도 재산에 아무런 미련이 없었고, 소란하고 복잡한 속세를 떠나는 쪽을 선택했습니다. 정말 쉽지 않은 길이었을 것이고, 현대의 싯다르타 태자를 방불케 합니다.

앞서 소개한 세 인물 모두 평범한 사람은 아닙니다. 다들 금자탑의 꼭대기에 선 엘리트들이고 세상 사람들이 동경해 마지않는 모든 걸 소유했습니다. 그들이 정말 원했다면 얻지 못할 것이 거의 없었을 겁니다. 즉 명예와 부를 쉽게 손에 넣을 수 있었습니다. 그러나 그들은 주위의 모든 것을 버리고 속세와 겉치레를 버리는 쪽을 택했습니다. 이들이야말로 제가 생각하는 진정한 '내려놓음'을 실행한 인물입니다.

　　반대로 '내려놓는 척'하는 사람은 하는 일이 시원치 않습니다. 툭하면 핑계를 대며 그날그날을 대충 살아가지요. 그런데도 사는 게 피곤합니다. 자기가 질 걸 알고 노력해도 성공하지 못한다는 사실을 알기 때문에 두 손을 펴 보이며 심드렁하게 말합니다. "아! 그럼 그냥 그렇게 해!" 가짜로 '내려놓는' 사람에겐 문제가 하나 더 있습니다. 일을 잘 하지 않고 책임져 줄 사람도 찾지 못하면 모든 걸 '내려놓은 척' 떠밀어 버리고 자신은 피해자인 양 행동하는 것입니다. 자기가 그렇게 된 건 모두 다른 사람 탓이라고 하며 자신의 책임은 모조리 내던져 버립니다.

　　여러분은 '내려놓는' 사람이 되겠습니까, 아니면 '내려놓는 척'하는 사람이 되겠습니까? 저라면 진정으로 '내려놓음'을 실천하는 생활 태도를 지닌 사람이 되겠습니다. 소욕지족(少欲知足)이라 하였듯이 작은 것에 만족할 줄 알면 마음이 평온해지며, 늘 즐겁고 평온한 마음을 유지하면 행복도 자연히 뒤따르기 마련이기 때문입니다.

욕망을 줄이는 것이 행복해지는 방법이다

'내려놓음'의 태도로부터 '적은 게 많은 것이고 추구하지 않으면 오히려 자연스럽게 소원이 이루어지는' 비밀을 발견했습니다. 제가 아직 어린 사미승이었던 시절 내내 갖고 싶은 게 있었습니다. 바로 '일요일'이었습니다. '휴일이 있었으면 좋겠다'라는 것이 어린 시절 마음속의 가장 큰 소망이었지요. 매주 휴가가 주어져 마음 놓고 제대로 놀 수 있는 시간이 오길 기다렸습니다.

그 시절 승원에서 스님들은 대론을 연습했습니다. 법리를 토론하는 과정을 통해 사고가 뚜렷해졌고 차츰 지혜를 깨우쳤습니다. 어떤 때는 저녁 내내 대론을 하기도 했습니다. 상대의 물음에 대답하며 서로 배웠지요. 제가 대론할 차례가 된 날에는 대론을 아주 잘하면 날아갈 듯이 기뻤습니다. 대론하는 날이 토요일 저녁이고 제가 대론을 매우 훌륭하게 잘하면 다음 날인 일요일이 바로 제 휴가였습니다. 그러면 기쁨이 두 배였지요. 이게 바로 어린 시절 제가 행복해지는 간단한 방법이었습니다.

장성하고 나서는 쎄라 승원에 가서 강의를 했습니다. 쎄라 승원의 휴일은 화요일이었고, 제가 행복해지는 날도 바뀌었습니다. 매주 화요일이 어서 오길 기다렸어요. 그래서 월요일과 화요일이 저의 '해피 데이'가 되었습니다.

우리는 보통 욕망에 대해 근거 없는 믿음을 가지고 있습니다. 욕망이 충족되지 않으면 즐겁지 않을 거라고 생각합니다. 사실 이런 생각은 옳지 않습니다. 하는 일마다 뜻대로 되지 않고 원하는 일을 쉽게 얻을 수 없더라도 운명은 여전히 우리 손에 달려 있습니다. 어떻게 하면 즐겁게 지낼 수 있을지, 어떻게 하면 행복한 삶을 살 수 있을지, 이 모든 게 생각하기 나름이지요.

진정한 행복은 외적인 부에 의해 결정되는 것이 아니라 마음이 넉넉한지 아닌지에 달려 있습니다. 많은 부유한 억만장자들은 겉으로는 의기양양하게 사람들이 부러워하는 삶을 사는 것처럼 보이지만, 그들도 나름의 번뇌가 있고 해결해야 할 과제가 있습니다. 반대로 네팔의 시골 가정들은 한 달 수입을 다 합쳐도 몇 십만 원에 불과하지만, 소박하게 생활하면서 평소에 번뇌가 그리 많지 않고 얼굴엔 행복이 가득합니다. 행복과 물질의 풍족함 여부가 꼭 정비례하는 건 아님을 알 수 있습니다.

잘 아는 여성분이 있는데 늘 결혼을 동경하며 하루라도 빨리 결혼식장에 들어가고 싶어 했습니다. 결혼하면 아들딸 낳고 남편과 오순도순 행복하고 즐겁게 살 수 있을 것이라는 환상을 품고 있었지요. 그래서 걸핏하면 걱정이 태산이고 나이 들어가는 걸 염려하며, 더 늦으면 아이를 낳지 못할까 봐 근심했습니다. 하루는 그녀에게 문자메시지를 받았습니다. 임신했다는 소식이었어요. 그녀는 부모님에게조차 알리지 않고 입을 꼭 다물고 있다가 제게만 몰래 소식을 전해 주었습니다. 그렇게도 바라던 꿈이 별안간 이뤄졌는데 느낌이 어떠냐고 제가 물었습니다. 그녀는 살짝 긴장되지만 아주 기대되고 기쁘다고 말해 주더군요.

두 달 후 그녀에게 어떻게 지내는지 안부를 물었습니다. 어쩐지 대답이 시원치 않고 원망하는 뉘앙스가 실려 있었습니다.

"사람은 왜 아이를 낳고 싶어 할까요?" 임신 때문에 원래 날씬했던 몸매도 망가졌고 몸이 자주 피곤해 사는 게 힘들다고도 했습니다. 저는 반농담조로 그녀에게 말했습니다.

"전에는 임신하고 싶어 하더니 정작 임신하니 즐거워하지 않네요. 우리 사바세계에 온 걸 환영합니다."

기대했던 일이 드디어 생겼는데 생각했던 것만큼 행복하지 않은 이유는 욕망을 충족하려면 때때로 더 많은 대가를 치러야 하고 더 많은 희생이 필요하다는 걸 모르기 때문입니다. 제가 아는 이 여성분처럼 말이지요. 그녀는 아이 낳는 일을 꿈꾸고 바랐지만, 온 마음으로 기대할 때는 앞으로 어떤 대가를 치러야 하는지 전혀 몰랐고, 꿈이 이루어진 후에야 꿈에는 대가가 따른다는 사실을 깨달았습니다.

권력과 욕망의 유혹

예전에 사업 성공을 몹시 갈망하는데 경영이 순탄치 않은 제자가 있었습니다. 그는 회사를 살리기 위해 여기저기 점쟁이를 찾아다녔지만, 점쟁이마다 각각 다른 의견을 냈습니다. 점쟁이들은 말만 번지르르했지만, 그는 점쟁이들이 허세 떨며 사기 친다는 생각은 전혀 하지 않았고, 그들이 낸 의견대로 진짜로 한 번씩 해 보기도 했습니다.

©정화숙

필사적으로 애써서 행복을 좇으면
행복은 오히려 점점 더 멀어집니다.

그의 목표는 단순했습니다. 실패하지 않고 순조롭게 사업을 하고 싶었습니다. 이를 위해 엄청난 에너지와 시간을 쏟았고 큰돈을 들여 점쟁이들을 찾아다니며 이렇게도 해 보고 저렇게도 해 보았지요. 그는 굉장히 바빠졌습니다. 오늘은 A 점쟁이를 만나고 내일은 B 점쟁이를 만났습니다. 그런데 사실 그는 꽤 오랫동안 불교 교리를 공부했을 만큼 불교 지식에 해박했고, 불교의 지혜를 모르는 이가 아니었습니다. 제가 보기엔 불법(佛法)이야말로 그의 사업 위기를 해결할 가장 좋은 방법인데, 자기의 사욕에 관계되는 일이다 보니 빠르게 효과를 볼 수 없는 불법 따위는 까맣게 잊은 것이었지요.

욕망의 단점을 한바탕 이야기했지만, 욕망이 꼭 부정적인 것이냐고 묻는다면 저는 "욕망 그 자체는 문제가 아니지만, **욕망이 얼마나 많은가**가 문제다"라고 답할 겁니다.

신형 스마트폰이 출시되었다고 칩시다. 이 스마트폰의 디자인이 얼마나 멋진지, 기능은 얼마나 대단한지, 성능은 얼마나 우수한지를 홍보하는 광고가 온 곳에 도배됩니다. 모든 광고의 목표는 딱 하나입니다. 소비자의 구매욕을 불러일으켜 '나는 이 스마트폰을 사지 않으면 안 된다'라고 생각하게 만드는 것이지요. 스마트폰 제조업체와 광고업체는 "당신은 이 스마트폰이 필요하다. 당신은 이 스마트폰으로 바꿔야 한다. 이 스마트폰은 전에 쓰던 것보다 훨씬 사양이 좋다. 카메라가 많아서 사진이 훨씬 잘 찍

힌다!"라고 이야기합니다. 그런데 아이폰 11과 아이폰 12는 뭐가 다르지요? 아주 조금은 다르겠지요. 그런데 관련 업체들은 이 둘의 차이가 아주 크다고 말하고 '이 제품이 가장 최신형'임을 강조합니다. 그러면 사람들은 미친 듯 최신 폰을 사고 싶어 안달이 납니다. 전에 누군가가 아이폰을 두고 이런 농담을 하더군요. 오이에 'iPhone'이라고 써놓으면 즉시 그 오이의 가격이 치솟으며 너도나도 사려 할 거라고요. 그런데 우리에게는 그렇게 많은 스마트폰이 필요 없다는 게 문제입니다. 우리에겐 손이 두 개밖에 없잖아요. 그런데도 서랍에 스마트폰을 몇 대씩 넣어 둡니다. 이처럼 '갖고 싶다'가 '필요하다'를 넘어서는 경우가 많고, 우리는 욕망에 코가 꿰여 끌려가곤 합니다.

욕망을 처리하는 비법

이제 우리는 마음이 어떻게 활동하는지를 압니다. 먼저 욕망이 생기고, 그 욕망이 점점 강해지면서 '탐'으로 바뀝니다. '탐'은 기대로 변하고, 기대가 생기면 다른 문제들이 줄줄이 생겨납니다. 사람에게 욕망이 있는 건 기정사실이니, 그러면 도대체 욕망을 어떻게 처리해야 할까요? 비법을 하나 알려드리겠습니다. 눈을 감고 소원(욕망)이 몇 개나 되는지 생각해 보세요. 그리고 그걸 한 번 적어 보세요.

적어 놓은 소원이 여섯 개라면 그중 세 개를 지우면 세 개가 남습니다. 소원이 열 개라면 다섯 개를 지우세요. 자신이 갈망하는 것들을 적어 놓고 그 소원들을 찬찬히 살펴보세요. 소원 중에서 욕심 때문에 갖고 싶은 게 몇 개나 되나요? 정말로 필요한 건 몇 개인가요? 그중 절반만 남기고 그다지 절박하지 않은 소원은 지워 보세요. 그렇게 하다 보면 남아 있는 소원이 그리 많지 않다는 걸 깨달을 겁니다. 조금 많아도 괜찮고 조금 적어도 괜찮습니다. 소원이 이루어지면 즐겁고 이루어지지 않아도 기쁩니다. 어떠한 상황에도 잘 적응하고 만족하는 인생이 더 아름답습니다.

욕망 그 자체는 문제가 아니지만, 욕망이 얼마나 많은가가 문제입니다.

3장   소유는 언제나 갖고 싶은 것보다 적은 법

분명히 많은 것을 소유했고 가랑이가 찢어질 듯 가난한 것도 아닌
데도 늘 뭔가 부족한 듯한 느낌을 경험해 본 적이 있습니까? 이렇
게 내면에서 일어나는 불안정한 느낌은 초조와 불안, 결핍의 정서
로 표출됩니다.

어떤 관점에서 보면 내면 깊은 곳의 한구석이 빈 것 같은
이런 현상은 엄밀히 말하면 별로 큰 문제가 아닙니다. 가장 큰 문
제는 우리는 언제나 자신의 부족한 점만 보고 자신이 소유한 것은
보지 못해 자신이 이미 무엇을 가졌는지를 모른다는 것입니다.

우리는 자신이 뭐가 부족한지만 살피고 자신이 이룬 것을
살피거나 자신이 얻은 것을 기뻐하지 않습니다. 자신의 부족한 점
만 불평하는 것은 많은 이들의 병통이며, 자신을 번뇌케 하고 즐
겁지 않게 만드는 원인이 됩니다.

다시 돌아보면 결핍감이란 것도 그 자체는 나쁜 게 아닙니

다. 결핍이란 감정은 자기 능력을 높이려 노력하고 더 좋은 목표를 향해 정진하도록 자극할 수 있습니다. 훌륭한 운동선수가 훈련 과정에서 자신의 결점과 부족함을 보면 나아지려고 노력하고 훈련을 강화해 점차 최고의 운동선수로 성장하는 것과 비슷합니다.

종교단체에서도 결핍감은 가장 흔히 사용하는 테크닉입니다. 한 종교단체에 가서 설법을 듣고 나서 "저는 아무것도 부족하지 않아요. 저는 아무 문제도 없고 다 좋습니다"라고 해 보세요. 상대방은 온갖 방법을 동원해서 논쟁을 펼칠 겁니다. 정말로 뭐든 다 가졌다고 생각한다면 불법을 공부할 필요가 없고 어떤 종교도 믿을 필요가 없으니까요. 종교를 통해 마음의 위안을 찾고자 하는 건 사실 자신이 어떤 부분에서 부족하다고 느끼기 때문이며, 그래서 마음으로 의지할 곳을 찾고 종교에 마음을 쏟는 겁니다.

일반 기업도 마찬가지입니다. 아침에 실적 회의를 하면 회사의 경영진은 실적 목표를 아주 높게 잡고는 하지요. 현재 회사에 부족함이 없어도 전력투구해서 달성해야 하는 목표를 설정하고, 직원들에게 그것을 달성하라고 요구합니다. 이렇듯 회사든 또는 다른 곳에서든 사람들은 모두 갖은 방법을 써서 상대의 마음에 부족한 느낌을 심어 주려고 합니다. 다만 다양한 이름과 다양한 방식으로 뭔가 부족하다는 느낌을 심어 주고, 결핍과 부족함으로 동기를 부여합니다. 그래야 상대를 자극하고 행동하게 만들 수 있기 때문입니다.

이처럼 결핍을 통해 욕구를 자극하는 것은 목표에 도달케 하는 하나의 방법입니다. 기업도 종교도 모두 "여러분은 이런 욕구가 있고 저런 필요가 있다. 이런 부족함 또는 저런 부족함이 있다. 부족해야 계속 앞으로 나아갈 수 있다"라고 이야기합니다. 바꿔 말해서 욕구에 관한 생각이 줄어든다면 앞으로 나아가려고 계속 노력하지 않고 그 자리에 머물러 있을 거라고 강조합니다.

제가 특별히 말하고 싶은 건, 일을 대할 때 일의 여러 방향성을 살펴야 한다는 점입니다. '내가 뭘 얻었지? 무엇을 소유하고 있고 뭐가 부족하지? 가지고 있지 않은 건 뭐지?' 그냥 단순하게 자기의 결함만 보고 자신의 장점은 외면한 채 일의 부정적인 측면만 보며 불필요한 걱정만 하다 보면 상황을 바꿀 수도 없고 번뇌만 늘어날 뿐입니다.

두 방향성을 점검하기로 마음을 먹고 그런 인식이 생겨야 진정한 목표를 똑똑히 밝힐 수 있습니다. 또 이런 결심이 서야 다시 목표를 향해 나아갈 수 있습니다. 이런 방식으로 깊이 고민하면 서서히 발전할 수 있고, 시작하며 실행하여 어떤 목표를 달성할 수 있습니다. 하지만 명심하세요. 어떤 목표를 달성하려면 쉽고 간단한 방식이 아니라 조금은 어려운 방식을 택해야 합니다.

일반적으로 사람은 결핍을 느끼면 목표를 달성하기 위해 노력하고 싶은 의욕이 없어지고 힘겨운 길이나 방법을 택하길 꺼리는 경향이 있습니다. 자꾸 지름길로 가고 싶어 하지요. 하지만 때로는 자신에게 도전 과제를 부여해 보기를 권합니다. 자신이 뭔가 부족하고 조건이 좋지 않다는 생각이 든다면, 예를 들어 자신감이 부족하거나 다른 사람보다 성과가 뒤처진다면 더더욱 열심히 노력하고 더 어려운 길을 택해야 합니다. 그래야 마음을 담금질하며 평범하지 않은 사람으로 성장할 수 있습니다.

우리는 자신이 뭐가 부족한지만 살피고 자신이 이룬 것을 살피거나 자신이 얻은 것을 기뻐하지 않습니다. 자신이 부족한 점만 불평하는 것은 많은 이들의 병폐입니다.

관점을 바꿔 바라보자

결핍감은 앞으로 나가도록 우리를 내몰지만, 한편 자신의 부족함을 절감하면 불안과 부담이 뒤따릅니다. 예를 들어 어떤 기업에서 팀장들은 회의 때 실적 목표를 설정합니다. 목표를 달성하면 팀장들은 또 더 높은 목표를 설정하지요. 그래서 실적이 '진정으로' 달성되는 날은 영원히 오지 않습니다. 사장은 직원들이 회사에 더 많은 돈을 벌어다 주길 바라고 실적 목표는 계속 '커져서' 은연중에 직원들에게 큰 부담을 안겨 줍니다.

사장이 목표를 설정하면 직원들은 목표를 달성해야 한다

고 생각합니다. 자신도 모르게 부담을 짊어지고 불안해하지요. 직원들은 왜 부담을 느낄까요? 들여야 하는 노력과 얻는 소득이 대등하지 않고 합당한 보수를 받지 못하기 때문입니다.

직원이 실적 목표를 달성하면 사장은 당연히 기분 좋게 웃을 겁니다. 사장은 자신이 얻게 될 커다란 이익이 눈에 보이니까요. 하지만 직원은 열심히 실적 목표를 달성해도 월급은 쥐꼬리만큼이고, 자신이 얻는 건 아주 작은 파이 한 조각뿐이니 업무에 의욕이 없는 게 당연합니다. 직원은 열심히 일하고 회사는 직원에게 이익을 나누어 준다면 직원들 한 사람 한 사람은 조금도 부담 갖지 않고 아주 힘 있게 일할 겁니다.

예를 들어 미국에서는 직원이 초과 근무를 하면 반드시 초과 수당을 줍니다. 그러니 직장인들은 힘들다고 느끼지 않습니다. 추가 수당이나 야근비를 받을 수 있으면 자연히 회사를 위해 모든 걸 바쳐 일해도 괜찮다는 생각이 들 테니 말입니다. 이처럼 일을 보는 각도가 다르면 고려하는 점도 달라집니다. 보통 직원은 노력과 소득이 정비례하지 않는다는 생각을 자주 하지요. 자기는 열심히 일하는데 돌아오는 보상은 적으니 당연히 부담이 생깁니다.

체스 게임을 해 본 적이 있나요? 체스판에는 킹, 퀸, 폰, 비숍, 나이트, 룩이 있습니다. 이 말들이 각자 자기 생각을 가질 수 있다면 폰은 '내가 열심히 일하면 킹이 될 수 있을까?'라고 생각할 겁니다. 킹은 '폰이 더 열심히 일하면 내가 왕위에 더 오래, 더 안정적으로 있을 수 있을 거야'라고 생각하겠지요. 체스를 통해 한 국가의 축소판을 볼 수 있습니다. 말단 병사가 열심히 하면 위로 올라가 왕이 될 수 있겠지만, 왕은 '내 병사가 충성을 다해 직무에 충실하면 나는 영원히 왕의 자리에 있을 수 있다'라며 계산기를 두드릴 겁니다.

세상에 정말 공짜 점심이 있을까?

병사가 왕이 된다는 건 고무적인 일이지만, 왕의 입장에서는 '신하가 왕위를 찬탈하는 사건'이고 반역입니다. 부처님이 살던 시대에도 이런 일이 있었습니다. 부처님의 사촌 형제인 데바닷타는 승단의 일원이었습니다. 그는 늘 부처님을 시기해 부처님에 맞섰지요. 이후 데바닷타는 별도로 승단을 세우고 싶어 부처님에게 말했습니다.

"형님은 이제 나이가 많으니 은퇴하시지요. 대신 내가 모든 승단을 돌보겠소."

그의 말을 듣고 부처님은 이렇게 말했습니다.

"내 아직 사리풋다와 목갈라나에게 자리를 인계하지도 않았거늘, 어찌 승단을 네게 넘겨준다는 말이냐?"

승단에는 정해진 계급 제도가 있습니다. 수행의 수준, 수련의 경지, 덕성(德性), 법랍(法臘) 등에 따라서 높고 낮음이 있습니다. 속세에도 정해진 운영 체계가 있고 오랫동안 따라온 게임의 법칙이 있잖아요. 만약 그 규칙을 따라가지 않으면 전체 사회 체계에서 배척당하기 때문에 그 체계를 흔들기란 매우 어렵습니다.

경마라는 스포츠를 아시지요? 경마는 속도를 중요시합니다. 경주에서 말은 빠른 속도로 질주하며 분초를 다툽니다. 1초 차이로 전혀 다른 결과가 빚어지기 때문입니다. 경주에서 1등을 하는 경우 10만 달러를 받을 수 있고 총 15분간 경마 레이스가 진행된다고 가정합시다. 2등은 1등보다 단 1초만 늦어도 영원히 2등이며, 당연히 1등에게 주어지는 10만 달러도 받을 수 없습니다. 2등은 1등에게 가서 이렇게 말할 수도 없을 겁니다. "어이! 15분 동안 우리 둘이 같이 달렸으니 이야기 좀 합시다. 내가 그쪽보다 딱 1초 늦게 들어왔으니 상금의 반은 내가 받는 게 맞잖아요. 상금을 절반으로 나눕시다." 1등을 한 우승자가 과연 이 말에 동의할까요? 1초 차이로 이긴 사람이 상금을 전부 가져가고, 2등은 아무것도 받지 못하는 이 커다란 차이가 바로 시합의 현실입니다.

이 제도에 불만을 가지는 사람이 있나요? 없습니다. 왜 그럴까요? 경마 시합에는 이미 확립된 제도와 규칙이 있고, 그 규칙에 따라 경기를 운영하기 때문입니다. 같은 이치로, 우리가 사는 세계도 이미 존재하고 있는 논리에 따라 움직입니다. 회사에서 말단 직원은 소나 말의 역할을 하면서 월급은 쥐꼬리만 합니다. 사장은 상대적으로 두둑한 보수를 받지요. 근무 시간이나 업무 부담으로 따지면 일반 직원이 더 많은 월급을 받는 게 맞지만, 사회 시스템이 이렇게 설계되어 있으니 어쩔 수가 없습니다. 그 체제 속에서 살 수밖에 없지요.

그렇다면 노력하지 않고도 얻을 수 있는 곳은 세상에 없는 걸까요? 그런 곳이 있긴 있습니다. 베트남의 딥까르 불교센터에서는 매주 가난한 이들에게 음식을 나눠 줍니다. 가난한 사람은 음식을 나눠 주는 장소에 가면 돈을 내지 않아도 공짜로 식사를 할 수 있습니다. 그밖에 시크교나 기독교 단체, 또는 일부 자선 단체에서도 많은 구제 활동을 통해 노력하지 않아도 음식이나 물자를 얻도록 해줍니다. 솔직히 말하면 보상을 바라지 않으면서 뭔가를 내어 주는 곳은 종교단체나 자선사업가밖에 없습니다. 그래서 이들의 고귀한 정신을 더욱 존경하게 됩니다.

노력하지 않고도 얻을 수 있는 곳은 세상에 없는 걸까요? 그런 곳이 있긴 있습니다. 베트남의 딥까르 불교센터에서는 매주 가난한 이들에게 음식을 나눠줍니다. 가난한 사람은 음식을 나눠주는 장소에 가면 돈을 내지 않아도 공짜로 식사를 할 수 있습니다.

속으로 고민만 하기보다 내려놓는 것이 어떨까?

공평한 제도는 우리가 처한 거의 모든 영역과 모든 산업, 모든 공간에 퍼져 있습니다. 사실상 이 세계의 부는 6~10퍼센트의 사람들이 장악하고 있으며, 이들은 고생하며 일하지 않아도 넉넉한 보수를 쉽게 얻습니다. 나머지 90퍼센트는 우리와 같은 부류에 속하는 보통 사람들로, 상당한 노력을 기울여야 보상을 받을 수 있습니다. 앞서 이야기한 체제에서 빚어지는 차이 때문이지요.

이런 제도가 정말 불만이라면, 이런 제도에선 적응할 수 없다고 생각한다면 **그런 생각을 내려놓길 권합니다. 그렇지 않으면 노력해서 자신을 바꿔 6퍼센트에 들어가는 부자가 되는 수밖에 없습니다.** 세상에는 이 두 가지 방법밖에 없다고 해도 과언이 아니니까요.

기존 제도를 깨고 전체 시스템을 바꾸길 바라는 사람도 있습니다. 그래서 인류사회에는 충돌이 생기지요. 만약 저라면, 저는 첫 번째 방식을 선택하고 그들이 무엇을 소유하든 상관하지 않을 겁니다. 명심하세요. 아무것도 상관하지 말고, 다른 사람의 성공과 명예에 신경 쓸 필요 없습니다. 그 대신 맞닥뜨리는 모든 상황을 받아들여 보세요. 그러면 경쟁과 비교의 속박에서 벗어날 수 있게 되고, 자연히 마음의 평온과 행복을 얻게 됩니다.

그래도 마음을 내려놓을 수 없고 여전히 심한 결핍감이 있다면 열심히 노력해서 부유한 사람이 되어야 합니다. 하지만 이렇게 말하겠지요. "저는 6~10퍼센트에 속하는 부자가 될 수는 없어요." 그렇게 좁은 세계에 속하는 사람이 될 수 없다면, 그렇다고 담담히 받아들이고 내려놓을 수도 없다면 아마 여러 가지를 따지기 시작할 겁니다. "남들은 저렇게 좋은 걸 갖고 있는데 왜 나는 없지?" "그 사람은 저렇게 사는데 왜 나는 요 모양으로 사는 거지?"

"위를 보고 살지 말고 아래를 보고 살아라"라는 말이 있습니다. 세계 인구가 70억이나 되니 우리보다 더 우수하고 더 성공한 사람은 언제든 있기 마련이고, 우리가 부러운 사람은 늘 있기 마련입니다. 마음을 편하게 내려놓지 않고 계속 가는 곳마다 이렇게 비교하면 즐겁지 않은 마음이 생길 테고, 그러면 영원히 행복해질 수 없습니다.

재미있는 에피소드가 하나 있습니다. 어느 날 두 사람이 함께 고급 레스토랑에 식사를 하러 갔습니다. 이 두 사람 중 하나는 공산주의를 신봉하고 하나는 자본주의자였습니다. 둘은 레스토랑에서 한 손님이 테이블 가득 메뉴를 주문하는 것을 봤습니다. 요리가 거의 백 가지는 되어 보였고 테이블 전체가 꽉 찼습니다.

그때 공산주의를 신봉하는 사람은 이렇게 생각했습니다. '혼자 왔으면서 저렇게 많은 음식을 시키면 안 되지. 저렇게 많은 메뉴를 제공하면 안 돼. 한 사람이니 한 가지 음식만 시켜야지.'

자본주의를 신봉하는 사람은 이렇게 생각했습니다. '누구나 저런 식사와 서비스를 누리는 게 마땅해. 저 사람에게 백 가지 메뉴만 제공할 게 아니라 이백 개, 삼백 개의 요리를 제공해서 손님이 마음껏 고르게 해야 해. 그래야만 더 좋은 서비스라고 할 수 있지.'

이게 바로 자본주의자와 공산주의자의 생각입니다. 두 사람은 일을 바라보는 각도와 출발점이 완전히 다릅니다. 저 개인적으로는 당연히 자본주의자의 생각이 좀 더 마음에 듭니다. 누구에게나 백 개가 넘는 요리를 고를 권리는 있으니까요.

다른 사람의 성공과 명예에 신경 쓸 필요 없습니다. 그 대신 맞닥뜨리는 모든 상황을 받아들여 보세요. 그러면 경쟁과 비교의 속박에서 벗어날 수 있게 되고, 자연히 마음의 평온과 행복을 얻게 됩니다.

아이들에게 교육의 자유를

이 에피소드에서 하나 깨달은 게 있습니다. 우리는 결핍을 없애고 싶어 하며, 빈곤과 결핍을 없애는 최고의 방법은 모든 아이들에게 교육받을 기회를 평등하게 제공해야 한다는 것입니다.

저는 오래전부터 자유시장과 자유 교육제도가 굉장히 중

요하다고 생각해 왔습니다. 사람들이 자유를 누릴 수 있는 그 자체는 좋은 일이지요. 자유주의의 생각은 바람직합니다. 그러나 교육 측면에서는 아이들이 무료로 공부할 수 있게 해줘야 합니다. 교육은 모든 사람이 마땅히 받아야 할 권리이기 때문입니다. 현대의 교육 시스템에선 아이들에게 사랑과 평화의 개념을 가르칩니다. 그러면 이런 교육 시스템에서 이익을 얻는 사람은 누구일까요? 아이들이 마음껏 교육 시스템에 진입해 교육을 받아야 그 안에서 이익을 얻을 수 있을 것입니다.

전 세계 인구 중 50퍼센트가 넘는 어린이는 양질의 교육을 받을 수가 없습니다. 제대로 교육을 받지 못하고, 교육자원이 부족해 적절한 교육을 받을 수 없는 아이들이 많습니다. 우수한 교사진이 부족한 것도 문제입니다.

예전에 남인도 쎄라 승원에서 진행한 연구에 따르면 승원의 스님들 가운데 약 2~3퍼센트만이 고등학교 정도의 수준에 달합니다. 제가 가끔 하는 농담이 있습니다. 현대 교육의 기준으로 따지면 아마 저는 고등학교 수준에 불과할 거라고요. 그래서 저는 우리처럼 대학 졸업장이 없는 사람들은 종교나 정치 관련 일을 할 수밖에 없다고 자조적으로 말하곤 합니다. 둘 다 학벌이 없어도 감당할 수 있는 일이니까요.

교육은 백년대계이며 나라를 세우는 근본입니다. 그래서 저는 교육비를 전부 면제하고 정부가 책임지고 모든 어린이에게 양질의 교육을 제공하여 그들이 교육받을 권리를 보장해 줘야 한다고 생각합니다. 교육을 정부가 해결해야 하는 이유가 뭘까요? 교육 업무를 종교기관이나 단체에 맡기면 그들은 분명 어떻게든 자기 종교 철학을 아이들 마음에 억지로 심으려 할 겁니다. A 종교 단체를 B 종교단체로 바꿔도 역시 자신의 종교를 교재에 넣겠지요. 그러면 아이들은 너무 일찍 종교의 영향을 받게 됩니다. 그래서 저는 정부가 책임지고 아이들에게 교육의 기회를 제공해야 한다고 생각합니다. 그리고 아이들이 열여섯에서 열여덟 살 정도가 되면 스스로 자신의 종교를 선택하도록 하는 것이 바람직하다고 생각합니다.

가정도 교육에서 중요한 역할을 담당합니다. 가족 구성원의 상호작용은 아이의 인격 양성에 꽤 큰 영향력을 미치므로 부모는 교육 방면에 세심하게 마음을 쓰며 아이에게 충분한 사랑을 주고 아이를 교육해야 합니다. 그와 동시에 부모는 책임감 있게 종교적으로 아이를 인도하여 아이가 자신의 신앙을 찾도록 도와야 합니다. 교육은 하늘이 내려준 인권이며, 누구나 태어날 때부터 부여받아야 하는 권리입니다. 정부는 온전하고 바람직한 교육을 국민에게 제공해야 하며, 교육이 일개 슬로건으로 전락하거나 상업화된 프랜차이즈 산업으로 전락하도록 두어서는 안 됩니다.

사람들은 다양한 권리를 가져야 한다는 말을 자주 하지요. 언론의 자유를 쟁취해야 하는 것처럼 교육의 권리와 자유도 쟁취

해야 합니다. 현재 일부 국가는 제대로 된 대학 시스템이 없어서 고등교육을 위해 비싼 학비를 받습니다. 교육이 그들에게는 최대의 시장이 된 것이지요. 큰 비용을 내야 교육을 받을 수 있는 이런 상황이 참으로 안타깝습니다. 교육 시스템이 지나치게 상업화되면 대부분의 사람은 사는 게 고단할 겁니다. 부모들은 어떻게 해서든 자녀가 최고의 교육을 받게 해 주고 싶을 것이고, 고액의 학비는 부모의 경제적 부담을 가중할 테니까요.

요즘 곳곳에 학원들이 즐비합니다. 그런데 학원은 인재를 양성하는 곳이라기보다는 꿈을 파는 곳에 가깝습니다. 학생이 학업을 마치면 자신의 장점을 발휘하여 사회에 기여할 인재로 키우겠다고 보장하는 게 아니고요. 실은 종교도 이런 학원들과 비슷합니다. 종교는 사람들에게 꿈을 팝니다. 다만 뭔가 보장을 하지는 않지요. 학원들이 교육을 시장 메커니즘으로만 보고 운영하거나 교육을 사업으로만 여기고 경영한다면 그들이 파는 꿈은 대부분에게 악몽이 될 겁니다. 자녀가 훌륭한 사람으로 성장하지 않길 바라는 사람은 없으니까요. 교육기관은 이를 빌미로 수익을 올리고 득을 봅니다. 따라서 교육의 문턱을 낮추고 학비를 전부 면제해 균등하고 대중화된 교육을 제공함으로써 우리 사회의 미래 인재를 키우는 것이 제가 꿈꾸는 비전입니다.

여전히 많은 부모가 '모든 것이 다 하찮으며 공부만이 고상하다'라는 관념을 가지고 자기 아이가 일류 대학에 들어가길 바라며 기를 씁니다. 명문대에 들어가기만 하면 자녀가 출세할 수 있을 것으로 생각하지요. 하지만 일류 대학은 모든 학생을 받아들일 수 없고, 모든 부모가 비싼 교육비를 감당할 수 있는 것도 아닙니다. 교육비를 면제해 지식을 보급할 수 있다면 교육자원의 불평등을 해소하고 산간벽지의 교육자원 부족 문제를 해결할 수 있을 겁니다. 나아가 교육받을 권리 측면의 결핍과 불균등도 보완할 수 있습니다. 또 다른 관점에서 보면 교육은 빈곤을 벗어나는 가장 바람직한 방법입니다. 교육을 무료로 광범위하게 제공한다면 아이들은 교육을 받고 장차 사회에 나가 쓰임 받을 것이며, 본인 역시 더 좋은 인생을 살 수 있을 것입니다.

　　빌 게이츠는 "가난하게 태어난 건 당신 잘못이 아니지만 가난하게 죽는 것은 당신 잘못이다"라는 말을 했습니다. 가난한 가정에 태어난 건 우리의 잘못이 아닙니다. 자기가 태어날 곳을 선택할 수는 없으니까요. 하지만 죽을 때 가난까지 겹쳐 있다면, 그건 개인이 노력을 했는지 안 했는지의 문제가 됩니다. 따라서 모든 아이가 교육을 받을 수 있도록 하는 것은 매우 중요한 일입니다.

교육비를 면제해 지식을 보급할 수 있다면 교육자원의 불평등을 해소하고 벽지의 교육자원 부족 문제를 해결할 수 있을 겁니다. 나아가 교육받을 권리 측면의 결핍과 불균등도 보완할 수 있습니다.

우리는 자신이 뭐가 부족한지만 살피고
자신이 이룬 것을 살피거나
자신이 얻은 것을 기뻐하지 않습니다.

©정화숙

베풂과 사랑에 관하여

가난과 결핍을 끊기 위한 좋은 방법은 베푸는 것입니다. 가난한 이들에게 먹을 것을 베풀면 그들의 부족함을 어느 정도 해결할 수 있듯이 말이지요. 최대한 이런 선행을 많이 베풀기를 바랍니다. 제가 가난한 이들에게 무료로 음식을 제공하기 시작했을 때 이견을 표하는 사람들이 있었습니다. 그들은 "물고기를 주는 것보다 물고기를 낚는 법을 가르치는 게 더 좋은 방법입니다"라고들 이야기했지요. 사람들에게 공짜로 음식을 주기보다는 음식을 얻는 방법을 가르쳐줘야 한다는 게 그들의 생각이었습니다. 그러나 확실한 점은, 이런 의견을 제기하는 사람들은 굶주림이 어떤 느낌인지, 가난과 질병이 함께 닥치는 상황이 얼마나 힘겨운지를 전혀 모른다는 것입니다.

다섯 살인가 여섯 살쯤 되던 어린 시절 배에서 꼬르륵 소리가 날 때면 어머니께서 먹을 것을 만들어 주길 설레는 마음으로 기다렸습니다. 그 시절 제 작은 머릿속에는 '오늘 네팔 왕은 어떤 음식을 먹고 싶을까? 왕이 오믈렛이 먹고 싶으면 왕의 식탁에 바로 오믈렛이 오를 텐데'와 같은 생각을 떠올렸지요.

당시 우리 네팔의 왕은 마헨드라(Mahendra)였습니다. 마헨드라 왕은 평소 왕궁 깊은 곳에 거하며 외부의 손님을 잘 만나지 않았습니다. 그래서 우리에게 왕은 아주 신비로운 존재로 보였습니다. 최고의 권력을 지녔으니 '소원을 들어주는 나무'처럼 머릿속에 뭔가를 생각하면 마술처럼 식탁에 그것이 '짜잔'하고 나타났을 겁니다.

제가 기억하기론 마헨드라 왕은 현명하고 자애로워 네팔을 아주 잘 다스렸습니다. 어린 시절 네팔은 매우 안전한 국가였어요. 사람들은 공손하고 예의가 있었으며, 서로 존중하고 배려했습니다. 사람과 사람 사이에 따뜻한 기운이 가득했지요. 지난 시절을 돌아보면 어렸을 때 저는 왕에게 어떤 특별한 구석이 있는지 몰랐는데 지금 보니 그가 정말 보기 드문 명군(明君)이었다는 생각이 듭니다.

마헨드라 왕은 담력과 식견, 지혜만 갖춘 게 아니라 현명하고 유능하기까지 했습니다. 그런 왕이 우리나라를 다스렸다는 데에 큰 자부심을 느낍니다.

왕이 나라를 다스릴 때 가장 중요한 건 바로 체계입니다. 그래서 국민이 행복하고 즐겁게 살 수 있도록 하는 것이지요. 물론 우리나라에도 가끔 작은 사건들이 일어나곤 하지만, 지금까지 대부분 국민은 즐겁게 일하며 평안하게 살고 있습니다. 지금 네팔은 빈곤하고 혼란한 국가로 몰락해 기초 생활이 보장되지 않는 수준으로 사는 사람이 적지 않습니다. 정부의 힘에만 기댄다면 앞으로 생계를 해결할 수 없는 사람이 많을 겁니다. 그래서 남에게 베푸는 선행이 매우 소중하다고 생각하며, 우리는 최선을 다해 있는 힘껏 베풀어야 합니다.

생활이 가난하고 살면서 곳곳에서 좌절을 겪어 심적으로 결핍을 느끼는 게 우리가 복이 부족해서 그런 것이냐는 질문을 받은 적이 있습니다. 가난과 결핍이 빚어지는 원인은 여러 가지입니다. 업(業) 때문일 수도 있고, 태어난 지역이 좋지 않아서 그럴 수도 있으며, 열악한 환경 탓일 수도 있습니다.

불교에서는 '인과 업보'라는 이야기를 하지만, 사실 후천적인 환경도 우리의 운명에 핵심적인 영향을 미칩니다. 그래서 워런 버핏은 자신이 미국에서 태어난 게 행운이라는 말을 했습니다. 버핏이 지닌 재산의 99퍼센트는 50세 이후에 얻은 것입니다. 버핏은 그렇게 많은 부를 축적한 건 자신이 미국에서 태어나는 행운이 있었기 때문이고, 둘째로는 그가 재테크 방법을 잘 알았기 때문이라고 이야기한 적이 있습니다. 이왕 태어날 거라면 좋은 곳에서 태어나면 좋겠지요.

어떤 학생이 그러더군요. "린뽀체 님, 우리는 자신이 어디에서 태어날지를 선택할 수가 없지 않습니까!" 사실 우리가 어디에서 태어났든 **본질적으로 우리는 이미 태어나야 할 곳에 태어난 겁니다.** 태어난 곳이 어떤 모습이든 간에, 좋아 보이든 나빠 보이든, 사실 그곳은 우리가 태어나기에 알맞은 곳입니다. 정말로 우리 인생에 영향을 끼치는 핵심은 태어난 이후이며, 어떻게 자기 인생을 제대로 경영하는지입니다.

앞에서 빌 게이츠의 명언을 언급했지요. "가난하게 태어
난 건 당신 잘못이 아니지만 가난하게 죽는 것은 당신 잘못이다."
이 문장을 이렇게 바꿀 수 있을 것 같습니다. "교육이 없는 가정에
서 태어난 건 당신 잘못이 아니지만 죽을 때까지도 교육을 받지
않는 것은 당신 잘못이다." 개인의 출신 배경이 인생의 출발점에
서는 타인과의 차이를 초래할 수도 있겠지요. 하지만 여러분의 인
생이 원만하고 풍족할 수 있느냐는 역시 자신의 후천적인 노력에
달려 있습니다.

외적인 부와 재산은 원만한 인생의 주된 원인이 되지 않습
니다. 부처님이 왕실에서 태어났지만 죽을 때는 가난한 스님이었
고, 청나라 순치황제도 부유하게 태어났지만 가난하게 죽은 것처
럼 말이지요. 순치황제는 황제 가문에서 태어나 황제라는 존귀한
지위를 얻었지만, 죽을 때는 역시 청렴하고 가난한 모습이었습니
다. 베트남 쩐 왕조의 인종도 마찬가지였습니다. 세속적인 명예와
부를 버리고 은둔하여 수행했지요.

이 위대한 인물들은 모두 세상의 명예와 이익에 미련을 두
지 않고 중요하게 여기지 않았습니다. 그렇지만 그들의 내면과 영
혼은 더없이 넉넉하고 강했지요. 정말 세상에서 가장 부유한 사람
들입니다.

어디에서 태어났든 본질적으로 우리는 이미 태어나야 할 곳에 태어난 겁니다. 태어난 곳이 어떤 모습이든 간에, 좋아 보이든 나빠 보이든, 사실 그곳은 우리가 태어나기에 알맞은 곳입니다. 정말로 우리 인생에 영향을 끼치는 핵심은 태어난 이후이며, 어떻게 자기 인생을 제대로 경영하는지입니다.

외로움을 어떻게 해결할까?

인생에는 아쉬운 점이 많습니다. 모든 일이 뜻대로 되지는 않지요. 또 일이 마음처럼 되지 않으면 불안감이 엄습합니다. 특히 모든 것이 빠르게 흘러가는 도시에서는 인간관계에 더 거리감이 있어 많은 이들이 자신의 미래를 근심하게 됩니다. 특히 저출산, 고령화 사회가 닥치면서 사람들은 미래를 더 막연하게 생각합니다. 늙어서 돌봐 줄 사람이나 옆에 있어 줄 사람이 없을까 봐 걱정하기도 합니다. 노후에 요양사를 부를 만큼 경제적인 여유가 없다면 어떻게 해야 할까 걱정합니다.

사람은 모두 점점 늙어 가지요. 시간의 통제를 벗어날 수 있는 사람은 아무도 없습니다. 노후 생활을 어떻게 잘 계획하는가에 대해서는 젊을 때 미리 계획을 세울 필요도 있지만, 나이가 든 사람들도 곰곰이 생각할 필요가 있습니다. 이것에 대해 저는 줄곧 마음에 바라는 일이 있습니다. 마을에서 연로하신 분들을 돕는 프로그램을 진행해 그분들이 인생의 황혼기를 즐겁게 지내실 수 있도록 하는 겁니다.

노인들이 옆에 있어 줄 사람이 없어 마음이 외롭고 도움이 필요할 때 제 제자들이 대중 속으로 들어가 사회 서비스에 이바지하길 바라며, 특히 마을에서 노인을 모시고 병원에 가서 진료받는 일을 돕거나 노인의 집에 가서 따뜻하게 돌봐드린다든지 옆에서 말동무가 되는 등 그들의 일상생활에 관심을 기울이면 좋겠습니다.

이 프로그램에서 제공하는 돌봄 서비스는 완전히 무료이며, 보수는 전부 승원에서 부담하는 것이지요. 그러면 마을의 어르신들을 도울 수 있고 제자들은 그에 맞는 보수를 받을 수 있습니다. 제자들은 이미 승원에서 귀중한 불법(佛法)을 배워 자비와 타인에 대한 관심의 중요성을 이해하고 있습니다. 졸업 후 그들이 자비심과 긍휼히 여기는 마음으로 어르신들을 배려하고 돌본다면 진정으로 불법을 실천하는 것이겠지요.

가난과 결핍을 끊기 위한 좋은 방법은 베푸는 것입니다.

네팔에는 노인이 많습니다. 자녀들은 성인이 되면 밖에 나가 일을 하고 배우자도 세상을 떠나면 돌봐 줄 사람이 없지요. 병원에 가서 진료를 받기도 어렵습니다. 이런 노인들은 특별히 다른 사람의 도움이 필요합니다. 우리 승원이 솔선수범해서 마을 노인들을 돌보면 다른 이들의 본보기 역할을 하여 다른 승원도 함께 사회 돌봄에 참여하도록 이끌고 우리 사회를 더 따뜻하게 만들 수 있으리라 생각합니다.

전통적인 티베트불교 승원의 대다수는 세상일에 관심을 두지 않고 내세와 해탈에 더 관심을 기울이는 편입니다. 스님들의 주된 일은 자신의 수행이며, 최대한 빠르게 성불(成佛)하는 것입니다. 가족들이 스님의 생활을 돌보고요. 이것이 과거 히말라야 지역의 전통입니다. 하지만 이제는 세상이 변했고, 제 생각도 다릅니다. 앞으로 제 제자가 교육을 마치면 고향으로 돌아가 사회사업에 이바지할 수 있도록 도움을 주려고 합니다. 이것은 아주 혁명적인 사업이 될 것이고, 사회에 보답하겠다는 제 취지도 담겨 있습니다.

스님들을 마을로 보내 마을을 돌보게 하는 방법에 지지하고 찬성하는 사람들도 있지만, 당연히 다른 의견도 있습니다. 특히 네팔 지역에서는 전통적으로 스님들은 수행에 전념해야 하며 세속의 활동에 지나치게 관여해서는 안 된다는 관념을 가지고 있습니다. 반면 우리가 하려는 일은 전통의 틀을 벗어나 스님들을 일반 사람들에게 다가가도록 하는 것이고요.

스님들이 사회사업에 참여하게 되면 마을로 깊숙이 들어

가 온종일 일반 사람들과 함께 머물러야 하는데, 전통적인 가르침을 따르는 사람들은 이런 방식을 좋아하지 않습니다. "너는 스님이니 승원에 머물며 수행에 힘써야 한다. 산속에 들어가 수행해야지 도시로 나가서는 안 된다"라고 하겠지요.

일반 승원의 규율에 따르면 마땅히 얌전하게 승원에 머물거나 일반 사람들을 떠나 산에 머무르고, 또는 동굴에 머물며 수행에 정진하는 것이 바로 스님들이 해야 할 일입니다. 따라서 사회에서 다양한 목소리가 나오는 건 지극히 정상이지만 저는 개의치 않습니다. 우리가 올바른 일을 하면 부처님이 반드시 그 일을 계속 도와주실 거라고 믿기 때문입니다.

사회사업은 외부의 지원 시스템에 속하며, 어르신들은 자신의 마음 상태와 일상을 조율해 봄으로써 자기 삶을 더 다채롭게 만들 수 있습니다. 어르신들이 외로움을 느끼는 주요 원인은 할 일을 찾지 못해 삶의 구심점을 잃었기 때문입니다. 그래서 어르신들은 이런저런 방법을 찾아 자신을 조금 분주하게 만들고 뭔가를 찾아서 배우는 게 좋습니다. 평소에는 어떻게든 할 일을 만들고요. 이를테면 사는 것이 바빠서 미뤄 두었던 공부를 다시 시작하거나 평소 연주하고 싶었던 악기 하나쯤을 배워 보거나 건강한 신체를 유지하기 위해서 운동을 하거나 그림, 요가 등을 배울 수도 있습니다. 자신을 조금 바쁘게 만들고 다이어리에 일정을 채워 나가다 보면 무료하다는 느낌은 자연히 사라질 겁니다.

그다음으로 매일 생활에 일정한 규율이 있어야 하며 고정적인 생활 습관을 길러야 합니다. 예를 들어 아침에 할 일과 점심에 할 일을 짜고 다이어리를 채워가며 매주 해야 할 일을 미리 계획할 수 있습니다. 그런 한편 텔레비전이나 뉴스는 너무 많이 보지 않도록 최대한 노력하고, 계속 인터넷만 하거나 페이스북만 보는 것도 지양해야 합니다. 뉴스와 SNS는 실제와 다른 내용을 퍼뜨리는 경우가 많으며, 그런 허상을 끊임없이 우리 마음속에 심곤 합니다. 헛되고 거짓된 정보를 너무 많이 접하면 허황된 세계에서 살게 되며, 본래도 쓸쓸하고 외로웠던 마음인데 허황된 세계에서 살게 되면 더 많은 심리적 문제가 생깁니다.

어르신들은 평소 사람들과의 교제가 적은 편이므로, 집 밖에 나가 마을 모임이나 친구 모임에 잘 참여하지 않으면 사회와 단절되기 쉽습니다. 어르신들은 인터넷이나 페이스북을 통해, 또는 뉴스를 보면서 사회가 어떻게 흘러가는지를 파악하고 세계와 연결고리를 만들 수 있다고 여길 수도 있겠지만, 이런 영상 미디어를 너무 자주 접하면 오히려 진짜 세계와 멀어지게 됩니다.

어르신들이 스마트폰을 내려놓고 TV 리모컨을 멀리하셨으면 합니다. 대신 자주 밖에 나가 걷고 자연을 접하며 신선한 공기를 들이켜 보세요. 평상시에는 산책을 하고 몸을 움직이며 현실의 진짜 세계를 만나보세요. 그러면 심신이 훨씬 건강해지고 마음도 가뿐해질 겁니다.

어르신 혼자 집에 있어 무료하고 쓸쓸할 때는 몇몇 기관에 가서 자원봉사를 할 수도 있습니다. 그러면 우선 생활의 구심점을 찾을 수 있고, 시간을 더 가치 있게 활용할 수도 있습니다. 한국에 서는 은퇴 후 자원봉사에 힘쓰는 분들이 있다고 들었습니다. 병원 이나 구청에 가서 자원봉사를 하거나 안내를 돕고, 거주하는 지역 에 관심을 기울여 청소 봉사를 하거나 독거노인의 말동무를 하는 분도 있다고 합니다.

다들 은퇴 후에도 쉬지 않고 현역에 있을 때의 재능을 살 려 사회를 돕는 걸 보면, 노년에 어떻게 즐겁게 생활하는지를 잘 아는 분들인 것 같습니다. 자신을 집에 가둬 두지 않고 바깥 세계 와 폭넓게 교제하며 많은 친구를 사귀지요. 매일 하루하루를 아주 꽉 차게 살며 자기 삶을 다채롭게 가꿉니다.

그런데 적적할 때 시간을 엉뚱한 곳에 쓰는 어르신들도 제 법 계십니다. 시간을 때우려고 하루 종일 공원에서 비슷한 처지 의 사람들과 어울려 바둑이나 장기를 두기도 하고 노인복지회관 이나 무료 급식소에서 점심 한 끼를 해결하고 여기저기를 기웃거 리며 하릴없이 거리를 헤매기도 합니다. 어떤 어르신은 홀로 도서 관이나 서점 한쪽에 자리를 잡고 앉아 책이나 신문을 읽는 것으로 시간을 보내기도 하지요. 옛 직장 동료를 만나 즐겁게 이야기를 나누고 돌아오는 날도 있지만, 집에 돌아오면 다시 무료함과 쓸쓸 함을 느끼기 시작합니다. 그러나 어르신들이 매일 시간을 내어 다양한 봉사활동이나 취미생활을 해 나간다면 그 삶은 더 빛날 것이며. 여러 친구의 응원과 동행 속에 매일 더 즐겁고 뿌듯한 하루하루를 보낼 수 있을 것입니다.

어르신들은 이런저런 방법을 찾아 자신을 조금 분주하게 만들고 뭔가를 찾아서 배우는 게 좋습니다.

인터넷 중독 문제 해결하기

젊은이 중에도 밖에 나가길 좋아하지 않는 이들이 있습니다. 이들은 '집돌이' 혹은 '집순이'라고 불린다지요. 남들이 보기에 집돌이와 집순이는 아마 인간관계에 미숙한 사람들일 겁니다.

　　그들은 퇴근하자마자 바로 얌전하게 귀가하고 집에 틀어박혀 TV를 보거나 온라인 게임을 합니다. 나가서 친구를 만나는 일은 별로 없지요. 집순이는 연애에 시큰둥하고, 집돌이도 좀처럼 여자친구를 사귀지 못합니다. 그들의 생활은 단조롭고 재미없어 보이며, 멋진 밤 문화도 즐기지 않는 듯합니다. 친구도 별로 없고 생활에 별다른 기복이 없습니다. 그냥 무미건조하게 일상을 보내지요. 집돌이와 집순이를 '루저'라고 여기며 그들의 생활방식을 인정하지 않는 이들도 있습니다. 계속 집에만 틀어박혀 있어서는 안 된다며 자신을 바꿔보라고 충고합니다. 그런데 당사자들이 그런 생활방식이 즐겁다고 생각한다면 뭐 잘못된 게 있을까요?

한번은 한 어머니가 저를 찾아왔습니다. 자신을 괴롭히고 있는 문제가 두 가지 있어 매일 걱정이 태산이라고 하더군요. 큰딸이 매일 집에만 있고 밖에 나가서 친구를 만나지 않아서 딸이 결혼을 못 할까 봐 걱정이라고 했습니다. 작은딸은 또 온종일 밖에 나가 돌아다니고 발이 넓어서 너무 걱정된다고 했어요.

그 어머니의 고민을 듣고 나서 이렇게 이야기했습니다.

"어머님의 작은딸이 큰딸의 문제를 해결해 줄 수 있을 것 같습니다. 작은딸은 온갖 곳을 두루 돌아다니니 금방 결혼할 수 있을 테니까요."

많은 부모에게 자녀 교육은 쉽지 않은 일입니다. 저는 아이에 맞게 교육하라는 말을 자주 하지요. 마찬가지로 자녀 교육도 아이의 습성에 맞춰 주어야 합니다.

아이의 성격이 외향적이고 활발하거나 내향적이고 조용한 것은 사실 아무런 문제도 되지 않습니다. 정말로 주의해야 할 것은 자녀의 인터넷 중독 문제입니다. 자녀가 밖에 나가길 싫어하고 늘 집에만 틀어박혀 있다면 자녀가 인터넷에 중독된 건 아닌지 살펴봐야 합니다. 자녀가 인터넷이나 게임에 빠져 있다면 친구와 카페에서 만나더라도 몇 분 후면 스마트폰의 잠금 화면을 밀거나 게임을 하고 싶어 할 겁니다.

인터넷에 떠도는 풍자적인 말이 있습니다. "갓난아이에게 스마트폰을 주는 것은 마약을 주는 것보다 더 위험하다." 제 남동생의 딸은 22개월 때부터 아이패드를 좋아하고 아이패드에 푹 빠졌습니다. 아이패드만 보면 작은 손을 뻗어 꾹꾹 눌렀어요. 아이패드 비밀번호는 모르지만 그래도 습관적으로 눌러보곤 했습니다. 이처럼 아이들은 이런 기기에 정말 쉽게 사로잡힙니다.

술을 좋아하는 사람에겐 알코올 중독 문제가 있고 약물을 남용하는 사람에겐 약물 중독 문제가 있다고 이야기했었지요. 사실 현대인이 직면한 가장 심각한 문제는 인터넷 중독입니다. 인터넷에 빠지면 가장 큰 문제가 귀중한 시간을 낭비하고 현실 세계와의 연결이 끊긴다는 겁니다. 사회 대중과의 연결이 끊기면 인터넷 세계 속으로 움츠러들고, 중독 증세가 더 심각해집니다.

SNS와 인터넷 세계는 다채롭고 번듯해 보이지만, 사실 SNS를 통한 교류는 허상에 불과합니다. 예를 들어 상대방과 대화할 때 상대방은 대화 내용과 함께 귀여운 이모티콘이나 이미지를 보냅니다. 그런데 그들은 사실 의무적으로, 별생각 없이 그것들을 누르는 거예요. 대충 클릭하고 눌러서 보내고 또 보냅니다. 정말 마음에서 우러나온 표현도 아니고 그렇게까지 따뜻한 마음이 실려 있는 것도 아닙니다. 그런데도 웃는 표정이나 하트, 엄지척 같은 것이 화면에 뜨면 흐뭇해합니다. "와! '좋아요'를 이렇게 많이 받았어. 이모티콘도 많이 받고." 사실 그런 것들은 다 거짓이며 화면상의 이모티콘일 뿐입니다.

어떤 사람들은 인터넷에서 많은 '팬'이 쌓이는 걸 좋아하고, 매일 게시글에 달리는 '좋아요' 개수에 연연하며 누군가 댓글을 달지는 않았는지 살펴봅니다. 하지만 그 내면에서는 여전히 공허함과 외로움을 느끼지요. 인생이 재미가 없고 완전히 초점을 잃습니다. 그리고 이런 일상이 반복되지요. 다시 인터넷을 켜고 비슷한 부류들에서 온기를 느낍니다. 모두 허황된 세계에서 만들어지는 허상에 불과합니다. 현실 세계로 돌아가 현실의 사람들과 소통해야 합니다.

자녀의 인터넷 중독 문제를 도와주려면, 시간이 있을 때마다 최대한 가족들이 옆에 있어 주면서 자녀들이 인터넷 세계에서 벗어날 수 있도록 노력해야 합니다. 시간을 많이 내서 아이들과 함께하고, 아이들을 데리고 밖에 나가 놀기도 하고 함께 거닐어 보세요. 또한 시간을 좀 더 내서 아이들과 서로의 마음을 나눠 보세요. 시간을 맞춰 아이와 함께 식사를 하는 것도 좋은 방법입니다. 아이와 함께 요리를 만들고 함께 맛있는 음식을 먹고요. 가족끼리 아이와 함께할 이런저런 방법을 생각해서 아이들과 많은 시간을 보내면서 함께 인터넷에 빠지는 습관을 극복하는 겁니다.

그다음 아이들이 운동을 많이 하도록 다독여 보세요. 지나치게 인터넷에 빠지면 운동 에너지가 사라집니다. 따라서 아이가 몸을 움직이는 활동이나 운동을 많이 하도록 격려하면 몸에 활력이 생기고 햇볕을 많이 쬐게 되어 전체적으로 체력이 좋아지고 정신도 맑아집니다.

여건이 허락된다면 인터넷이 전혀 없는 환경으로 아이를 보내 하루를 꼬박 그곳에서 지내게 하는 것도 좋습니다. 외국의 여러 다국적 기업 CEO들은 아이를 인터넷과 스마트폰이 없는 캠프에 종종 보내 아이가 자연을 접하고 현실 세계로 눈을 돌리도록 합니다. 아이가 인터넷 중독을 극복하도록 도와주는 좋은 방법일 듯합니다. 인터넷에 지나치게 빠지면 아이들은 계속 가짜 세계에서 살게 되고, 세계가 인터넷에서 보이는 모습과 똑같다고 오해하게 됩니다. 그래서 현실 세계에 대해 잘못된 판단을 내리지요.

한번은 마침 외부와의 왕래를 끊고 수련에 집중하고 있는데 누군가가 막 제작을 끝낸 영상을 보내왔습니다. 우리 승원을 소개하는 영상이었어요. 그런데 영상을 다 보고 나니 '이건 왠지 우리 승원이 아닌 것 같은데?' 하며 고개가 갸웃거려졌어요. 건축할 때부터 지금까지 우리 승원이 걸어온 모든 과정을 제가 똑똑히 봐 왔고, 승원의 벽돌 하나 기와 하나까지 다 알고 있기 때문이지요. 그래서 농담하듯 웃으며 말했습니다.

"이 승원은 너무 깨끗하고 너무 멋있어 보입니다. 이거 우리 승원 아니죠? 우리 승원은 이렇지 않거든요."

이처럼 인터넷상의 허구 세계는 카메라 편집과 촬영 기술 그리고 과학기술력을 통해 완벽하지 않거나 보기 싫은 부분을 미화합니다. 하지만 그건 특별히 설정해 낸 허상임을 알아야 하며, 언젠가는 와이파이를 끄고 현실 세계의 자신과 마주해야 합니다.

여건이 허락된다면 인터넷이 전혀 없는 환경으로 아이를 보내 하루를 꼬박 그곳에서 지내게 하는 것도 좋습니다. 외국의 여러 다국적 기업 CEO들은 아이를 인터넷과 스마트폰이 없는 캠프에 종종 보내 아이가 자연을 접하고 현실 세계로 눈을 돌리도록 합니다. 아이가 인터넷 중독을 극복하도록 도와주는 좋은 방법일 듯합니다.

4장   긍정적인 태도로 두려움을 대면하는 법

2020년 초부터 코로나바이러스가 전 세계에서 대대적으로 유행하기 시작했습니다. 전대미문의 질병인 까닭에 많은 사람이 소중한 생명을 잃었고, 각양각색의 어려운 문제도 불거졌습니다.

언제나 긍정적인 태도를 유지하자

이번 코로나19와 같은 상황에서 어떻게 긍정적인 태도를 지녀야 하는지 이야기하려고 합니다. 바이러스가 유행하는 상황에서는 집에 있든 밖에 나가든 두려울 수밖에 없습니다. 코로나에 걸리지는 않을까 하는 마음에 불안감이 생기지요. 이런 환경과 상태에서 지내기 위해 알아야 할 중요한 사항이 세 가지 있습니다.

첫째, 긍정적인 태도를 유지해야 합니다. 둘째, 부정적인 상황의 영향을 받지 않도록 해야 합니다. 셋째, 매일을 긍정적인 일로 시작해야 합니다. 팬데믹은 질병이 전 세계에 타격을 가하고 특히 사람들의 심리 상태에 영향을 끼치는 특수한 시기입니다. 질병에 맞닥뜨리면 두려움과 불안감이 생기고 불확실한 마음이 들 겁니다.

방역에 관한 홍보 영상을 본 적이 있습니다. 자기 얼굴을 만지지 말라고 당부하는 내용이었는데 정말 실천하기 어렵다는 사실을 깨달았습니다. 어디 한번 해 보자 하고 30분 동안 저 자신을 관찰했습니다. 그런데 30분 동안 얼굴을 여섯 번, 일곱 번은 만지더라고요.

이건 신체 측면에서 따라야 할 규칙이지요. 그런데 심리 측면에서도 지켜야 할 규칙이 있습니다. 우선 어떻게 하면 긍정적인 태도를 지닐 수 있을까요? 첫 번째 단계는 내가 얼마나 많이 다른 사람을 잘되라고 축복하고 응원하는지를 세 보는 것입니다. 얼마나 많은 문제나 어려움에 닥쳤는지를 세지 말고요. 이런 방법을 통해 감사하는 마음이 생겨납니다.

자기 자신이나 가족에게 행운이 깃든 좋은 일이 얼마나 일어났는지 자신과 가족을 관찰해 보세요. 자신과 가족에게 긍정적인 기질이 있는지를 관찰해도 좋습니다. 사실 긍정적인 태도를 지니려면 먼저 우리가 사랑하는 사람에게 감사하는 마음이 생겨야 하고, 그다음 우리 주위에 좋은 일이 얼마나 많은지를 살펴야 합니다. 그리고 가장 중요한 건 나 자신과 다른 사람에게 과연 긍정적인 기질이 있느냐 하는 점을 봐야 합니다.

물론 사람은 저마다 나름의 장점이 있으므로 자신의 장점이 무엇이고 어떤 긍정적인 기질을 가졌는지를 봐야 합니다. 작은 새를 보면 새는 몸집은 작아도 날개가 민첩해서 잘 날지요. 반면 타조처럼 몸집이 큰 새들은 날지 못하는 대신 다리가 강해서 시속 50마일까지 달릴 수 있습니다. 이처럼 모든 생물은 각기 특징이 있습니다. 이제 자기 자신과 관계가 친밀한 주변 사람들이 어떤 긍정적인 기질을 가졌는지 살펴봅시다. 그리고 생활 속에서 일어나고 있는 좋은 일이 어떤 게 있는지 꼼꼼히 세어 봅시다.

자신과 가족에게 일어난 좋은 일이 여덟 가지고 긍정적인 기질이 여덟 개라 하면 그중에 장점이 적어도 여덟 개는 있는 겁니다. 왜 '8'이란 숫자를 예로 들었냐고요? '8'은 행운의 숫자이기 때문입니다. 어쩌면 제가 제8대 캉쎄르 린뽀체여서 좋은 일을 여덟 가지 찾아보라고 했을 수도 있겠습니다.

어떻게 하면 긍정적인 태도를 지닐 수 있을까요? 첫 번째 단계는 내가 얼마나 많이 다른 사람을 잘되라고 축복하고 응원하는지를 세 보는 것입니다. 얼마나 많은 문제나 어려움에 닥쳤는지를 세지 말고요. 이런 방법을 통해 감사하는 마음이 생겨납니다.

번뇌를 부르는 부정적인 정보를 멀리하자

두 번째로 중요한 점은 최대한 부정적인 영향을 멀리해야 한다는 것입니다. 특히 코로나19와 같은 팬데믹 상황에서는 더더욱 여러 부정적인 영향을 멀리해야 합니다. 그중에서 가장 흔히 접하는 부정적인 영향에는 SNS와 TV가 포함됩니다. TV를 너무 많이 보거나 SNS를 너무 자주 들여다보면 미디어의 부정적인 영향에 노출되기가 쉽습니다. 예를 들어 바이러스가 빠르게 전파되면 국가와 국가 간에 또는 개인과 개인 간에 서로 책임을 떠넘기는 뉴스들이 등장하지요. 이런 부정적인 뉴스는 보지 말아야 합니다.

사실 SNS, TV 등 미디어는 바람직하지 않은 부정적인 뉴스를 퍼뜨리는 경우가 많으며, 따라서 최대한 그것들을 멀리해야 합니다. 부정적인 뉴스들은 내면의 불쾌감과 분노를 불러일으키기 때문이지요. 바이러스의 영향으로 심리적인 두려움과 공포가 생기면 우리는 해결 방법을 찾으려 하고, 인터넷에서 바이러스와 관련된 뉴스를 더 많이 찾아봅니다. 하지만 인터넷에서 뉴스를 수집할 때는 유의해서 정보를 잘 걸러내 진실과 거짓을 잘 감별하고 부정적인 뉴스의 영향에 노출되지 않도록 해야 합니다.

세 번째로 중요한 점은 긍정적인 태도로 매일 하루를 시작하는 것입니다. 긍정적인 일이란 각자 바람직한 습관을 기르는 것을 의미합니다. 습관이 뭘까요? 습관은 어떤 일을 끊임없이 반복해 서서히 길러지는 것입니다. 따라서 매일 하루를 긍정적인 행동으로 시작해야 합니다. 이렇게 긍정적인 행동을 매일 계속 반복하다 보면 결국 습관이 됩니다.

매일 하루를 긍정적인 행동으로 시작해야 합니다. 이렇게 긍정적인 행동을 매일 계속 반복하다 보면 결국 습관이 됩니다.

밝은 태도로 매일을 시작하자

한 가지 알아 둬야 할 것이 있습니다. 삶에는 여러 가지 다양한 선택지가 있고, 다행스럽게도 우리는 선택을 할 수 있습니다. 예를 들어보겠습니다. 매일 음식을 많이 먹는다면 우리는 살이 찌는 쪽을 선택한 것입니다. 매일 술을 많이 마신다면 머리가 아파지는 걸 선택하는 것이지요. 술을 많이 마시고 빠른 속도로 차를 운전한다면 우리가 선택한 것은 교통사고입니다. 우리 삶에 선택할 것은 다양하게 존재하고 무얼 선택할지는 우리 손에 달려 있습니다.

선택을 마쳤다면 각각의 선택에는 그에 상응하는 결과가 따릅니다. 그런데 우리는 모두 자유로운 사람들이기에 자기 생각대로 선택할 수 있어요. 다만 우리가 한 선택도 우리를 통제할 수 있다는 사실을 특히 명심해야 합니다.

©정화숙

긍정적인 행동을 매일 계속 반복하다 보면
결국 습관이 됩니다.

살면서 많은 선택을 할 수 있고, 각각의 선택은 결과를 초래합니다. 하나의 선택을 할 때마다 하나의 결과가 빚어지지요. 제가 "선택할 게 이리도 많으니 매일 하루를 긍정적인 행동으로 시작하자"라고 말한 이유가 바로 이 때문입니다.

SNS, TV 등 미디어는 바람직하지 않은 부정적인 뉴스를 퍼뜨리는 경우가 많으며, 따라서 그것들을 최대한 멀리해야 합니다. 부정적인 뉴스들은 내면의 불쾌감과 분노를 불러일으키기 때문이지요.

매일 하루를 시작할 때 할 수 있는 일이 두 가지 있습니다. 하루를 시작할 때 다라니를 외우고, 암송을 마칠 때는 모든 장애물이 말끔히 제거되고 모든 사람의 질병이 없어지도록 기원을 하는 것입니다. 다라니를 외우는 일이 그다지 익숙하지 않다면 아침에 8분 정도를 할애해 호흡 연습을 해도 좋습니다. 그러면 적어도 호흡이 평온한 상태에 마음이 놓이게 됩니다.

아침에 일어날 때는 오랜 시간 쉬다가 일어나는 것이므로, 마음이 수용적인 상태에 있습니다. 여러 가지 정보를 받아들이기가 쉽지요. 하루는 아침부터 시작하므로 아침은 아주 중요한 시간입니다. 자다가 일어나면 반드시 매우 긍정적인 행동으로 아침을 열어야 하는 이유가 여기에 있습니다. 8분의 시간을 들여 호흡 연습에 집중해 보세요. 모든 중생에게 좋은 일이 생기고 질병에서 벗어나길 기도하는 마음으로 다라니를 외우는 것도 좋습니다.

사람은 동물과 커다란 차이가 있음을 기억했으면 합니다. 사람은 자신의 환경을 만들 수 있지만, 동물은 환경을 조성할 수 없지요. 동물은 주변 환경에 적응할 수밖에 없습니다. 인간은 환경을 창조할 수 있다는 아주 좋은 선물을 받았습니다. 그러므로 스스로 환경을 만들고, 최대한 자신의 하루를 아름답게 가꾸어 나가야 합니다.

그러기 위해서는 긍정적인 행동으로 하루를 시작해야 하며, 아침에 일어나면 양치하고 길을 걷고 운동하는 등 기계처럼 형식적으로 움직여서는 안 됩니다. 매일 아침에 일어나면 최대한 자기 내면 상태를 새로 설정하고 선한 생각으로 마음을 재부팅 해야 합니다.

일어날 때는 먼저 마음을 가다듬고, 일어난 후에는 8분 동안 뭔가 긍정적인 일을 하며 하루를 열어 보세요. 매일 이렇게 8분 또는 5분 동안 긍정적인 일을 하면 하루가 크게 달라집니다.

매일 하루를 시작할 때 할 수 있는 일이 두 가지 있습니다. 하루를 시작할 때 다라니를 외우고, 암송을 마칠 때는 모든 장애물이 말끔히 제거되고 모든 사람의 질병이 없어지도록 기원을 하는 것입니다.

긍정적인 태도로 삶을 대하자

팬데믹 시기에 한국이 방역 조치를 아주 잘했다고 들었습니다. 도시를 봉쇄하지도 않았고요. 반면 네팔은 팬데믹 초반에 전체적으로 도시를 봉쇄했고, 저희도 승원에 발이 묶여 나갈 수가 없었습니다. 네팔뿐 아니라 코로나19에 타격을 입고 도시를 봉쇄한 나라들이 많았습니다. 겨울이 되자 코로나 상황은 더욱 악화되었고, 세계 각지가 모두 심각한 충격을 받았습니다.

코로나19 팬데믹 때문에 심리 상태에 영향을 받는 사람이 많았지요. 심리적으로 절망감을 느껴 큰 스트레스를 받는 사람도 있었습니다. 자녀가 먼 곳에 살거나 가족이 다른 곳에 떨어져 있어서 노심초사하는 부모도 있었습니다. 그래서 제가 항상 강조하는 게 있습니다. "강하고 즐겁게 생활하자"입니다. 강하게 생활하려면 모든 일을 긍정적이고 낙관적인 태도로 해야 합니다.

앞에서 이야기했듯이 긍정적인 사고방식을 가져야 합니다. 이를테면 좋은 일이 얼마나 많이 일어났는지를 세어 보는 것처럼 말이지요. 늘 일의 안 좋은 측면만 보면 마음이 약해지고, 일의 좋은 면을 많이 보면 마음의 힘이 강해집니다. 모든 것을 늘 부정적으로 보는 사람이 있고 늘 긍정적으로 보는 사람이 있는데, 마음 상태를 조율해서 긍정적인 태도로 삶을 대하고 문제를 처리하는 것이 좋습니다.

긍정적인 자기 대화

앞에서 선한 마음을 지니고 긍정적인 생각을 해야 한다는 이야기를 했습니다. 코로나19와 같은 어려움에 처했을 때 가장 중요한 것이 바로 올바른 마음을 가지고 현재의 시련을 받아들이며 감당하는 것입니다.

또 하나 중요한 것은 아주 긍정적으로 지내는 것입니다. 긍정적으로 생활하려면 긍정적인 태도만 있어서는 안 되고, 긍정적인 믿음도 있어야 합니다. 저는 이것을 '긍정적인 자기 대화'라고 부르며, 이는 굉장히 중요한 부분입니다. 긍정적인 자기 대화를 진행할 때 긍정적인 믿음이 나타날 수 있습니다. 그 과정에서 중요한 점은 끊임없이 자신과 대화해야 한다는 것입니다. "모든 일이 다 잘될 거야." "모든 일이 다 잘될 거야." 한 번에서 두 번, 두 번에서 세 번 자신에게 말해 보세요.

만약 불교를 믿는다면 자신에게 이렇게 말할 수 있습니다. "부처님의 가피로 모든 게 잘될 거야." 불교를 믿지 않는다면 단순하게 '모든 일이 다 잘될 거다'라고 생각해 보는 겁니다. 불교를 믿는다면 자기와의 긍정적인 대화를 통해 한 번, 두 번 또 세 번 '부처님의 가피로 모든 게 다 잘될 거다'라고 마음속으로 생각하는 겁니다.

삶을 어떻게 더 좋게 바꿀 수 있을지 사람들에게 물어보면 사람들은 "이렇게 해라, 저렇게 해라"라고 할 겁니다. 그런데 반대로 "본인은 그렇게 했나요?"라고 되묻는다면 99퍼센트의 사람은 "아니오"라고 말할 겁니다. 그들이 그렇게 하지 못한 가장 주된 원인은 동기가 부족하기 때문입니다. 그렇기 때문에 우리에겐 긍정적인 믿음이 필요하며, 그 믿음을 동기로 삼아야 합니다.

긍정적인 믿음은 긍정적인 자기 대화에서 옵니다. 자기 자신에게 "모든 게 다 잘될 거야. 부처님의 가피로 나의 모든 게 다 잘될 거야"라고 말해 보세요. 마음속으로 한 번, 두 번 그리고 세 번, 끊임없이 자신에게 이렇게 말하는 것입니다. 그리고 이와 같은 대화를 통해 긍정적인 생각이 자라고, 긍정적인 생각이 자라면 일을 긍정적으로 바라보게 됩니다. 그러면 일이 정말로 긍정적으로 바뀌고요.

긍정적인 자기 대화를 진행할 때 긍정적인 믿음이 나타날 수 있습니다. 그 과정에서 중요한 점은 끊임없이 자신과 대화해야 한다는 것입니다. "모든 일이 다 잘될 거야." "모든 일이 다 잘 될 거야." 한 번에서 두 번, 두 번에서 세 번 자신에게 말해 보세요.

우리의 마음은 자석과 같습니다. 긍정적인 방향으로 생각하면 긍정적인 것이 달라붙고, 부정적으로 생각하면 부정적인 것이 들러붙습니다. 계속 자신의 몸이 불편하다고 생각하는 사람이 있었어요. 그의 아내가 스승님을 찾아뵈는 게 어떻겠느냐고 조언했습니다.

스승은 그에게 말했습니다. "아무것도 할 필요 없네. 그냥 매일 아침에 10분 동안 다라니를 외워 보게." 다라니는 바로 끊임없이 반복해서 "나는 전혀 문제가 없다. 나는 전혀 문제가 없다"라고 자신에게 이야기하는 것이었습니다. 그는 2~3주 동안 이렇게 계속해서 되뇌었고, 자기가 꽤 좋아졌다고 느끼기 시작했습니다. 계속 끊임없이 되뇐 덕분에 나중에는 자기가 정말 완벽하게 좋아졌다고 믿게 되었지요. 그러다가 그는 아내와 결혼한 지 오래되니 이전처럼 아내를 깊게 사랑하지 않는다는 생각이 들었습니다. 아내를 봐도 느낌이 예전과 달랐어요. 그의 아내는 그에게 다시 한 번 스승을 찾아뵙고 다라니를 새로 배워 오라고 조언했습니다.

이번에 스승은 그에게 새로운 다라니를 가르쳐 주었습니다. 그 다라니를 외웠더니 그는 다시 아내를 사랑하는 것 같은 느낌이 들었고, 아내를 볼 때의 느낌도 예전과 달라졌습니다. 아내가 궁금해하며 물었어요.

"대체 스승님이 어떤 다라니를 가르쳐 줬어요?"

그의 남편은 그저 웃기만 하며 어떤 다라니인지는 말하지 않았습니다. 그는 계속해서 매일 일어나면 욕실에 가서 10분 동안 다라니를 외우는 습관을 유지했고, 다라니를 다 외우고 욕실에서 나오면 모든 게 달라진 기분을 느꼈습니다. 아내에 대한 사랑도 더 깊어진 것 같았지요. 아내가 전보다 더 귀엽고 예쁘고 사랑스럽게 느껴졌습니다. 그러자 아내는 더 궁금해져서 남편에게 대체 스승님이 어떤 다라니를 가르쳐 줬냐고 다시 물었습니다. 아내가 뭐라고 묻든 남편은 그저 웃기만 하고 어떤 다라니인지는 공개하지 않았어요. 그러다 어느 날 아침 남편이 욕실에서 다라니를 외우고 있는데 아내가 밖에서 몰래 엿들었습니다. 그동안 남편이 계속 외우던 다라니는 "저 사람은 내 아내가 아니다. 저 사람은 내 아내가 아니다"였습니다.

물론 여러분에게 "저 사람은 내 아내가 아니다"와 같은 다라니를 외우라고 권하는 게 아닙니다. 끊임없이 반복해서 자기 자신에게 "부처님의 가피로 모든 게 더 좋아질 거다"라고 이야기하라는 것이지요. 이 말을 계속 되뇌면 정말로 믿음이 생기고 차츰 일이 좋은 방향으로 가고 있다는 생각이 듭니다.

가끔 한가한 시간이 있을 때 제게 이렇게 묻는 사람이 있습니다. "이제 뭘 하면 되지요?" 저는 이렇게 대답합니다. "부처님의 가르침을 기다리면 되지요." 아주 진지하고 엄숙하게 그 문제를 바라보고 대답한 것이었습니다.

긍정적인 믿음을 갖고 싶다면 먼저 긍정적인 태도가 있어야 합니다. 긍정적인 태도가 생기면 긍정적인 믿음이 생기고, 그러면 우리가 바라보는 모든 것이 긍정적인 방향으로 바뀔 것입니다.

우리의 마음은 자석과 같습니다. 긍정적인 방향으로 생각하면 긍정적인 것이 달라붙고, 부정적으로 생각하면 부정적인 것이 들러붙습니다.

마음을 움직이기 위해 넣는 연료

여기에서 요점은 우리의 동기입니다. 마음이 움직이는 것은 마치 횃불 같습니다. 횃불에 기름을 붓지 않으면 횃불은 꺼질 겁니다. 여기에서 기름이 무엇일까요? 바로 긍정적인 믿음입니다. 어떤 일에 대해 긍정적인 믿음이 있다는 건 마음을 움직이는 연료가 있다는 것입니다. 여러 사무를 처리해야 할 때가 간혹 있는데 그럴 때면 저는 항상 하나의 믿음을 갖습니다. 제가 규정대로 그 일들을 처리하면 부처님이 나를 도와주시리라는 것입니다. 이것이 제가 지닌 믿음입니다.

네팔의 설이 코앞으로 다가온 어느 날이었어요. 꿈에 스승님이 나타나 저에게 웃어 주셨고, 그 덕분에 긍정적인 믿음이 생겼습니다. "올 한 해는 아주 멋지게 지내겠구나!" 이런 생각이 옳은지 그른지는 아무도 신경 쓰지 않습니다. 이건 옳고 그름의 문제가 아니라 긍정적인 생각과 부정적인 생각에 관한 문제니까요.

세 번째로 삶이 평탄할 때는 많은 선택지가 있을 수 있고 매우 선량할 수 있으며 말투와 태도가 온화할 수 있습니다. 그런데 일이 통제를 벗어나면 당황하고 스트레스를 느끼며 무슨 일이라도 일어날 것 같지요. 이렇게 통제할 수 없는 상황이 닥쳤을 때는 한 가지를 기억해야 합니다. 바로 업력(業力)입니다. 업과(業果), 즉 과보를 이끄는 큰 힘의 법칙이지요. 올바른 일을 하고 선업을 쌓으면 좋은 결과를 얻고, 잘못된 일을 하고 악업을 쌓으면 안 좋은 결과를 얻습니다. 모두가 기억해야 하는 중요한 사항입니다.

일은 이 규율에 따라 움직입니다. 특히나 코로나19나 독감 같은 위협적인 바이러스가 퍼질 시기에 악업을 쌓으면 그 악업에서 벗어날 수가 없음을 명심해야 합니다. 만약 과거세에서 악업을 쌓지 않았다면 걱정할 필요가 없고요.

올바른 일을 하고 선업을 쌓으면 좋은 결과를 얻고, 잘못된 일을 하고 악업을 쌓으면 안 좋은 결과를 얻습니다.

왜 우리는 상황이 통제를 벗어나면 놀라 허둥지둥할까요? 시련에 맞설 용기가 충분하지 않기 때문입니다. 왜 겁낼까요? 용기가 부족하기 때문입니다. 제 스승님은 매우 긍정적인 성격을 지녔습니다. 그중 하나가 바로 굉장히 용감하고 엄청난 용기를 지녔다는 것입니다. 그분은 삶에서 많은 시련을 겪었습니다. 우리가 그런 시련들을 맞닥뜨린다면 우리는 분명히 멘탈 붕괴 상태에 빠질 겁니다.

업과의 법칙을 믿으면 용기 있게 시련에 맞설 수 있습니다. 이것이 바로 상황이 통제 가능한 범위에 있지 않거나 통제에서 벗어나면 꼭 업과의 법칙을 마음에 새겨야 하는 이유입니다. 악업을 쌓으면 나쁜 결과를 얻게 되고 선업을 쌓고 올바른 일을 하면 반드시 좋은 결과가 따릅니다. 절대 예외는 없으며, 이 법칙을 벗어날 수 없습니다. 굉장히 중요한 사항이니 시시때때로 깊이 마음에 새기기를 바랍니다.

어떤 일에 대해 긍정적인 믿음이 있다는 건 마음을 움직이는 연료가 있다는 것입니다. 여러 사무를 처리해야 할 때가 간혹 있는데 그럴 때면 저는 항상 하나의 믿음을 갖습니다. 제가 규정대로 그 일들을 처리하면 부처님이 나를 도와주시리라는 것입니다. 이것이 제가 지닌 믿음입니다.

다른 사람을 더 많이 생각하자

네 번째로 이야기할 것은 사회적 책임입니다. 사회적 책임을 불교학적인 용어로 바꿔 말하면 바로 보리심(菩提心, bodhicitta)입니다. 불교에 대한 이해가 그리 깊지 않을 수 있으니 사회적 책임이라는 말로 설명하겠습니다. 사회적 책임이란 사회의 일원으로서 우리는 이 사회에서 받은 것이 있고, 그러므로 당연히 이 사회에 어느 정도 환원해야 한다는 개념입니다. 아주 중요한 내용이지요.

사회라는 울타리가 존재하기에 우리는 얻는 것이 있고 이루는 것이 있습니다. 따라서 사회에 보답을 해야 합니다. 사회적 책임은 매우 중요합니다. 기업을 예로 들면, 기업은 기업의 사회적 책임이 있습니다. 사내에 사회 환원 용도의 특별 기금을 마련해 놓지요. 마찬가지로 개인도 사회적 책임을 감당해야 합니다.

저는 쎄라 승원에서 여러 해 동안 강의를 했습니다. 왜 그렇게 오랫동안 강의를 했을까요? 제게는 그게 바로 일종의 사회적 책임이기 때문입니다. 저는 쎄라 승원에서 교육을 받고 스승님의 가르침을 얻었습니다. 그것도 전부 무료였고요. 그래서 수년 동안 쎄라 승원에서 무료로 강의를 하는 방식으로 승원에 보답하고자 했습니다. 이게 바로 사회적 책임입니다.

사회적 책임은 매우 중요합니다. 우리 각자는 모두 사회의 일원이므로 사회에 보답을 해야 합니다. 자신이 이 사회에 어떤 보답을 할 수 있을지를 고민해야 하며, 이 또한 매우 중요합니다. 간단히 말하면 가정과 사회에 보답할 수도 있고 이 세계에 보답할 수도 있지요. 이것이 사회적 책임입니다. 불법의 관점으로 보면 이는 다른 사람을 생각하는 보리심입니다.

코로나19 팬데믹과 같은 상황을 예로 들자면, 그런 상황에서 우리가 할 수 있는 게 뭐가 있을까요? '나는 언제 걸릴까?'와 같은 그런 생각 말고요. 이런 상황에서 '어떻게 하면 중생을 이롭게 할까?'와 같은 측면에서 깊이 생각하는 것이지요. 그냥 다라니 한 구절을 외우며 사람들을 위해 복을 비는 것도 좋습니다.

이런 시기에 사람들은 보통 '아! 나도 코로나에 걸릴 것 같아. 어떡하지? 어떡하지?'와 같은 생각을 하기 마련입니다. 항상 나는, 나는, 나는… '나'를 먼저 생각해요. 하지만 그러면 스트레스가 더 커집니다. 그러지 말고 다른 사람을 위해 내가 뭘 할 수 있는지를 한번 생각해 보세요.

사회적 책임의 측면에서는 자신이 무엇으로 사회에 보답할 수 있는지를 생각하는 겁니다. 바이러스 유행 시기에 자신의 가정을 위해 뭘 할 수 있는지 생각해 보고, 용기 있게 사회적 책임을 감당하는 겁니다. 본인에게 무슨 일이 생길 것이라는 생각만 하다 보면 상처만 더 많이 받습니다.

간단히 말하면 가정과 사회에 보답할 수도 있고 이 세계에 보답할 수도 있지요. 이것이 사회적 책임입니다. 불법의 관점으로 보면 이는 다른 사람을 생각하는 보리심입니다.

부자가 되는 다이아몬드는 바로 곁에 있다

앞에서 한 이야기를 정리하면, 최대한 긍정적인 동기를 만드는 게 중요합니다. 특히 코로나 상황에서는 어떻게든 선한 마음 또는 긍정적인 믿음을 유지해야 합니다. 긍정적인 믿음은 부처님이 불법을 가르치던 당시에 언급했던 사성제(四聖諦)와 비슷합니다.

사성제를 설파했던 당시 부처님은 모든 문제나 고난은 사실 방법을 찾아 극복할 수 있다고 하였는데, 긍정적인 믿음이 담고 있는 뜻이 바로 이것입니다. 이런 관념으로 믿음의 체계를 세워야 하며, 이렇게 확립된 긍정적인 믿음의 체계를 바탕으로 긍정적인 태도를 만들어 가고 긍정적인 믿음을 세워 가야 합니다. 어떤 어려운 환경이나 처지에 처했을 때 긍정적인 믿음이 있다면 순리적으로 문제를 해결할 수 있기 때문입니다.

아프리카에 몹시 가난한 농부가 있었습니다. 하루는 현자가 찾아와 농부에게 말했습니다.

"엄지손톱만 한 다이아몬드를 찾으면 읍 하나를 살 수 있을 겁니다. 주먹만 한 다이아몬드를 찾으면 도시 하나를 살 수 있을 겁니다."

그러자 농부는 모든 농사를 접어 두고 다이아몬드를 찾기 시작했습니다. 땅을 팔아 버렸지요. 그 돈으로 아프리카 곳곳을 다니며 다이아몬드를 찾았지만 찾아지지 않았습니다. 농부는 돈

원하는 것을 얻지 못하는 것이야말로 축복

을 들고 유럽으로 갔습니다. 유럽으로 가서 다이아몬드를 찾겠다는 심산이었어요. 하지만 다이아몬드는 여전히 찾을 수 없었습니다. 이제 농부는 모든 돈을 써 버렸지만, 그런데도 다이아몬드를 찾지 못하자 몹시 상심했습니다. 게다가 생계를 유지했던 농지도 팔아 버렸으니 앞길이 막막했고, 결국 강에 뛰어들어 스스로 목숨을 끊었습니다.

훗날 그 현자는 다시 농부가 살던 곳으로 농부를 찾아갔지만, 당연히 그를 만날 수 없었습니다. 그곳에는 대신 다른 사람이 살고 있었어요. 현자가 물었습니다.

"그 농부는 어디로 갔습니까?"

그곳에서 살고 있던 사람이 말했습니다.

"그 사람은 땅을 팔았습니다. 제게 팔았지요. 지금은 제가 여기에서 농사를 짓고 있습니다."

땅의 새 주인이 된 농부는 현자에게 말했습니다.

"며칠 전에 밭을 갈다가 반짝거리는 걸 발견했습니다. 한번 봐주시겠습니까? 게다가 그 반짝거리는 게 아주 큽니다."

현자가 농부에게 말했습니다.

"이건 다이아몬드입니다!"

농부는 그가 찾은 반짝이는 것을 감정하기 위해 맡겼고 그게 다이아몬드임을 확인했습니다.

이 이야기를 잘 들여다보면 기회라는 것 또는 도움이라는 것은 사실 우리와 함께 있는 경우가 많다는 사실을 알 수 있습니다. 다만 우리가 그것을 보지 못해 기회와 도움이 바로 곁에 있음을 모르는 것이지요.

기회라는 것 또는 도움이라는 것은 사실 우리와 함께 있는 경우가 많다는 사실을 알 수 있습니다. 다만 우리가 그것를 보지 못해 기회와 도움이 바로 곁에 있음을 모르는 것이지요.

어려움을 지원군으로 바꾸자

기회나 도움이라는 건 사실 번거로움과 고난을 동반한다는 말이 있습니다. 그러면 부처님은 어떤 식으로 이러한 진리를 깨달았을까요? 부처님이 깨달은 진리의 핵심은 어디에 있을까요? 처음 부처님이 진리를 깨달을 수 있었던 것은 자신의 불쾌함, 즉 마음 상태의 불쾌함 때문이었습니다. 부처님은 자신이 왕궁에 살고 있다는 불쾌함으로부터 큰 깨달음을 얻었습니다. 왕궁에 살고 있다는 것이 전혀 불쾌하지 않았다면 부처님은 깨달음을 얻지 못했을 겁니다. 때때로 우리 삶에는 어려움과 시련이 가득하며, 이를 극복할 수 있느냐는 전적으로 그런 어려움과 시련을 어떻게 처리하느냐에 달렸습니다.

어떤 이들은 어려움을 당하면 어떻게든 그것을 극복해 성공의 밑거름으로 승화시키고, 어떤 이들은 어려움이 닥치면 그 어려움에 좌우되어 삶을 망치기도 합니다. 따라서 요점은 어려움과 시련은 언제나 존재하므로 올바른 동기로 그것을 감당하여 마음에 긍정적인 믿음이 자라나게 하는 것입니다. 그러면 어려운 일을 만났을 때 그 어려움을 성공의 밑거름으로 바꿀 수 있습니다.

간디의 일생을 살펴보면 그는 성공한 인생이었습니다. 비폭력주의를 제기해 여러 사람을 이롭게 했지요. 간디에게 그런 자극을 주고 훗날 성공하도록 이끈 시발점은 대체 무엇이었을까요? 바로 한 번의 기회와 인연 덕분이었습니다. 젊은 시절 간디가 기차의 일등석에 타고 있었습니다. 그런데 몇몇 백인이 그가 인도 사람이라는 이유로 그를 일등석에서 내쫓았습니다. 하지만 이 일 덕분에 그는 훗날 매우 성공한 인생을 얻었습니다. 우리도 마찬가지입니다. 현재의 모든 어려움과 문제를 대면할 때 올바른 방법으로 해결하고 성공의 밑거름으로 바꿔야 합니다.

이것이 우리가 정말로 해야 하는 일의 핵심입니다. 예를 들어 코로나 상황에서 네팔은 봉쇄 상태였고, 다들 밖에 나가지 못하고 집에 있었습니다. 인도도 바이러스 상황이 심각했고, 전세계가 마찬가지였지요. 사람들 마음에는 두려움과 공포가 서렸습니다. 사람마다 느끼는 공포의 정도는 다릅니다. 공포의 정도가 높은 사람도 있고 낮은 사람도 있지만, 어찌 됐든 공포감은 늘 있기 마련입니다. 현재의 우리는 이미 1년 전 또는 2년 전의 우리처럼 자유롭게 거리를 거닐 수 없습니다. 이런 상황에서 우리는 어떻게 해야 할까요? 어떻게든 이런 상황 또는 이렇게 어려운 시기를 지원군으로 바꿔야 합니다. 마음을 닦는 수심법(修心法) 중에 우리가 맞닥뜨리는 모든 불행을 부처님의 가피로 바꾸어야 한다는 글귀가 있습니다.

제 스승님은 문화대혁명 기간에 불법을 가르쳤다는 이유로 5~6년 동안 감옥에 갇혀 있었습니다. 스승님은 감옥에 갇혀 있을 때 당신의 스승님을 떠올리고 그 가르침들을 되새기며 그 모든 분들께 공양을 올리는 수행(上師供養, Guru Puja)을 하셨습니다. 그중 하나가 "모든 중생의 고난을 내가 받고 나의 모든 즐거움은 모든 중생에게 돌려주기를 바란다"라는 것이었습니다. 상사공양 수행에는 이처럼 '나의 안락을 주고 남의 괴로움을 받는 수행'(གཏོང་ལེན། 똥렌Tonglen 수행)을 담은 게송이 다섯 구 있습니다.

저는 스승님이 그리울 때면 계속해서 게송을 소리 내어 읊습니다. 스승님은 그저 당신이 배운 것을 사회에 돌려줄 수 있기를 바라는 것이었지요. 5~6년 동안 자그마한 감옥 방에 갇혀 있던 걸 보면 제 스승님의 내면이 얼마나 강인했는지 알 수 있으며, 스승님은 그렇게 끊임없이 게송을 암송하며 시간을 허투루 보내지 않고 수행에 매진했습니다.

팬데믹과 같은 상황에서 시간 여유가 있다면 최대한 게송을 많이 외우며 "모든 중생의 고난을 내가 받고 나의 모든 즐거움을 모든 중생에게 돌려주기를 바란다"라고 생각해 보세요. 이렇게 암송을 하면 마음에 큰 힘이 생길 겁니다.

중생의 고난을 자기 몸으로 받을 수 없다면 최소한 나의 부모, 내 가족의 고난을 내가 받고 나의 모든 즐거운 과보를 나의 부모와 가족에게 돌려주겠다고 생각해 보세요. 지금은 마침 수행을 하거나 보리심을 닦기에 가장 좋은 시기입니다. 우리 평생에 이보다 더 수행하기 좋은 시간은 아마 없을 겁니다.

잘못을 할 때는 올바른 결정을 내려도 좋지 않은 결과가 따르곤 합니다. 올바른 일을 할 때도 잘못된 결정을 내리면 역시 좋지 않은 결과가 따르지요. 올바른 시간에 올바른 결정을 해야 좋은 결과가 뒤따릅니다. 지금은 올바른 수행 연습을 하기에 딱 좋은 시기이며, 따라서 좋은 성과를 거둘 수 있을 겁니다.

모든 중생의 고난을 내가 받고 나의 모든 즐거움을 모든 중생에게 돌려주기를 바랍니다.

코로나19 바이러스로 전 세계가 뒤집혔습니다. 모두의 마음에 공포감과 두려움이 있는 시기이지요. 그런 한편 보리심을 수행할 수 있는 가장 좋은 시기이기도 합니다. 그러니 "모든 중생의 고난을 내가 받고 나의 모든 즐거움을 모든 중생에게 돌려주기를 바랍니다"라고 읊으며 수행해 보기 바랍니다. 이렇게 생각할 여유가 없다면 적어도 "우리 가족의 고난을 내가 받고 나의 모든 즐거움을 우리 가족에게 돌려주기를 바랍니다"라고 생각해 보세요.

이 게송에는 '스승 린뽀체의 가피로 모든 중생의 고난을 내가 받길 바란다'라는 뜻이 담겨 있습니다. 스스로 어려움이 있다고 느껴질 때면 이 게송을 외워 보세요. 괴로움과 두려움으로 고통받는 모든 이들에게 큰 도움이 되리라 믿습니다.

구루뿌자(Guru Puja, Lama Chöpa) 제92 게송

그러하오니 대자대비하신 존귀한 스승님이시여!
어머니였을 가는 이(衆生)들의 모든 죄와 장애, 괴로움들은
남김없이 지금 나에게 맺게 하시고
나의 안락과 선(善)은 남에게 보냄으로써
모든 가는 이들에게 안락이 함께하도록 가피하소서!

지금은 마침 수행을 하거나 보리심을 닦기에 가장 좋은 시기입니다. 우리 평생에 이보다 더 수행하기 좋은 시간은 아마 없을 겁니다.

5장 마음의 탐욕을 직시하자

갓 태어난 작은 아기는 배가 고프면 '으아앙'하고 울지요. 이건 인간이 태어날 때부터 갖는 본능입니다. 배가 고프면 먹고 싶고 추우면 난방을 원하는 것처럼 이로운 것을 추구하고 나쁜 것을 피하는 건 인간의 천성으로서, 인간은 이를 위해 수천 년 동안 진화하면서 무수한 시련을 견뎌 왔습니다. 따라서 '탐'(貪)이라는 주제를 논할 때 제일 먼저 알아야 할 것은 욕망과 욕구는 사실 인간의 기본적인 필요라는 사실입니다. 태어날 때부터 갖는 이런 욕구는 인간의 생존과 발전에 원동력이라 할 수 있습니다. 그 본질상에선 옳고 그름이 없습니다. 숲에서의 생존 법칙과 같지요. 그런데 욕구를 직시하지 않아 욕구가 지나치게 강해진다면 욕구는 괴물이 되어 우리의 삶을 지배합니다.

'탐'은 사람을 맹목적으로 만든다

'탐'(貪)의 단점을 말하자면 한도 끝도 없겠지만, 그중 모두가 아는 단점을 꼽자면 '탐'은 사람을 맹목적으로 만든다는 겁니다. 우리 주변에 과도한 탐심 때문에 잘못된 결정을 하는 일이 비일비재하지요. 불행하게도 우리가 사는 사회와 환경의 전체 시스템도 끊임없이 우리의 탐심을 조장합니다.

세상에 태어나 초등학교에 들어가서 공부하고 또 중고등학교와 대학을 다닌 후 사회에 나가기까지 사회는 늘 하나의 기준으로 우리를 평가합니다. 평가의 기준은 성공적으로 어떤 목표에 도달했는지의 여부입니다. 성공했다면 성공한 부류로 분류되고, 이 기준에 미치지 못하면 다른 부류로 분류됩니다. 이 기준은 참으로 강력하고 모든 사람의 마음에 깊이 침투합니다. 그래서 우리는 어쩔 수 없이 이 가치관을 따르고, 그렇지 않으면 사회에서 도태될 겁니다. 세계 최고의 부자인 빌 게이츠는 "돈이 없으면 사회는 당신을 잊을 것이고, 돈이 있으면 당신은 자기 자신을 잊을 것이다"라고 했습니다.

한 꼬마 친구에게 이야기를 한다고 가정해 보지요. "넌 다음 두 개 중에서 하나를 고를 수 있어. 하나는 사회에서 잊히는 거고 다른 하나는 너 자신을 잊는 거야." 자신을 잊더라도 사회가 자신을 기억하도록 하는 쪽을 택하는 사람이 많으리라 생각합니다.

우리는 모두 사회에서 잊히는 걸 두려워하며, 집단에서 받아들여지지 않는 자신이 되기는 싫어합니다. 그래서 점점 잊히다가 자신의 원래 모습마저 잊게 되는 쪽을 선택하지요. 사회는 명예와 권세만 숭상하고 눈에 보이는 명성과 부만 추구하니 그 물결에 휩쓸릴 수밖에 없고, 결국 의식이란 게 생기면서부터 항상 무언가를 얻으려고 열심히 노력하고 뭔가를 이루고 싶어 하며 타인의 인정과 칭찬에 목말라 합니다. 타인이 자신을 평가하고 자신의 가치를 결정하게 하며, 해내지 못하면 자신은 별로 행복하지 않다고, 삶이 행복하지 않다고, 인생이 진부하다고 생각합니다.

우리는 사회의 인정을 몹시도 원하기에 사람들에게서 고립되는 걸 두려워하지요. 그래서 내면의 감정을 억누르고 최대한 다른 사람의 기분을 맞추거나 스스로 달가워하지 않는 삶을 살도록 자신을 강박합니다. 우리가 자신감이 부족하다는 뜻이기도 하고, 자신에 대한 다른 사람의 평가를 그만큼 신경 쓴다는 뜻이기도 하겠지요. 우리는 이른바 소속된 곳에서 겉도는 사람이 되고 싶어 하지 않습니다. 박수를 받고 인정받길 원하며, 사람들에게 칭찬받고 누구나 좋아하는 사람이 되고 싶어 하지요.

이러한 행동이 전적으로 우리의 잘못만은 아닙니다. 사회의 주류 가치관을 쫓다 보니 그런 거니까요. 어느 날 친구에게 스마트폰이 있는 걸 봤다면 '나는 왜 스마트폰이 없지?'라고 생각할 겁니다. 다른 사람들은 다 있으니까 나도 있어야 하는 것이지요.

사람들은 누가 더 유행에 앞서가는지를 비교하고 최신 유행을 따르며 모두와 똑같아지길 바랍니다. 그래서 끊임없이 브랜드에 목을 매고요.

한번은 몽골에서 강의를 하는데 한 아이의 엄마가 와서 아들이 아디다스 운동화를 사 달라며 조른다고 말하더군요. 몽골에서 아디다스는 최고급 브랜드이니만큼, 아이들이 너도나도 아디다스를 신고 싶어 한답니다.

엄마는 아들에게 이렇게 말했어요. "그렇게 비싼 운동화를 살 필요는 없잖아? 평범한 운동화를 사도록 하자." 그런데 아들은 울상을 지으며 대답했어요. "아디다스 운동화가 없으면 친구들 모임에 못 낀단 말이에요." 학교에 '아디다스 운동화 클럽'이라는 모임이 있는데 아디다스 운동화가 없는 사람은 그 그룹에 들어갈 수가 없다는 거였어요.

우리는 타인이 자신을 평가하고 자신의 가치를 결정하게 하며, 해내지 못하면 자신은 별로 행복하지 않다고, 삶이 행복하지 않다고, 인생이 진부하다고 생각합니다.

모두가 만족할 줄 모르는 사회 시스템

스마트폰 또는 아디다스 운동화로 한 사람을 가늠하는 현상은 사회의 한 축소판에 지나지 않습니다. 사회는 합리적으로 보이는 기준들을 모든 사람에게 요구하는 것에 익숙하지요. 이 기준에 미치지 못하면 사회에 발붙이기가 쉽지 않습니다. 이런 무형의 압박은 우리 자신을 구속할 뿐 아니라 가족에게도 큰 부담을 줍니다.

속세를 등지고 있는 승원에도 무형의 압박이 존재합니다. 어떤 승원의 스님들은 승원을 벗어나 외부에서 일을 하고 월급을 받으면 집에 보냅니다. 그러면 승원에 남아 있는 스님들은 가족의 비난을 받지요. "옆집 아들은 밖으로 나가서 일한대. 집을 짓도록 집에 돈을 보냈다는데 넌 왜 집에 돈을 안 부치니?" 이런 사례가 허다합니다.

명예와 이익에 욕심내는 풍조가 전 사회 시스템에 가득 퍼져 있습니다. 물론 욕심부리는 사람에게 그게 나쁜 일이라며 꾸짖고 너무 쉽게 다른 사람의 사소한 잘못까지 들추곤 합니다. "오! 저 일에 욕심내다니 엉망이네. 와! 저 사람 진짜 욕심쟁이다!" 하지만 현실을 보면 사람들은 사실 어쩔 수 없이 욕심을 내고, 하는 수 없이 사회의 가치관을 따르는 경우가 많습니다. 그래서 또 엄청난 압박을 감내하고요.

다섯 명의 자녀를 둔 엄마가 있습니다. 그중 하나가 뭐든지 잘해요. 군계일학이지요. 다른 아이들은 고만고만하고요. 엄마는 평범한 아이들에게 분명히 이렇게 말할 겁니다. "봐봐, 형은 돈을 이렇게 잘 버는데 넌 왜 TSMC(타이완의 유명 반도체 회사—옮긴이) 같은 회사에 못 들어가니?" 그러면 엄마의 권위에 눌린 자녀들은 부담을 느껴 어쩔 수 없이 명예와 이익을 좇는 세계에 순응하겠지요.

그래서 욕심이라는 주제에 관해 이야기할 때는 우리가 사는 세계도 함께 살펴야 합니다. 사회 시스템이 어떻게 돌아가는지 파악하고, 사람들이 탐욕에 불타오르는 주된 원인을 알아보면 역시 전체 사회 시스템과 관계가 있습니다. 내면의 작디작은 탐욕이 외부 사회 환경과 관련이 있기 때문에 '탐'을 극복하려면 전체 시스템을 바꿔야 합니다. 전체 시스템을 바꾸려면 곳곳에서 난관에 부딪히겠지요. 개개인의 힘은 너무나 미약하고 사회는 아무래도 다수의 의견을 중요시하기에 별종이 되어 버리면 여러 어려움을 겪게 됩니다.

근본적으로 보면 탐욕은 사실 나쁜 점이 매우 많습니다. 탐욕은 계급의 대립, 사람과 사람 사이의 경쟁을 초래하여 서로 더 높이 올라가려는 경쟁을 부추깁니다. 누군가는 굉장한 성공을 거두는데 자신은 모든 면에서 그에게 뒤처지면 마음에 불만이 생기기 쉽고, 남이 잘되는 걸 보면 배가 아픕니다. 성공한 사람에게 질투심이 생겨 그가 성공할 수 있었던 이유가 무엇인지 생각해 보는 일 따위는 잊어버립니다. 일의 옳고 그름에 관계없이 그저 이러쿵저러쿵 그의 잘못을 들추는 데 여념이 없지요. 높은 자리에 있는 사람이 그 위치까지 올라가기 위해 얼마나 많은 부담을 감내하고 얼마나 큰 노력을 기울였을지는 쉽게 망각합니다. '탐'은 마음의 번뇌를 왕성하게 만드는 독약이며, 마음에 증오를 만들어 감사를 잊게 만듭니다.

> 높은 자리에 있는 사람이 그 위치까지 올라가기 위해 얼마나 많은 부담을 감내하고 얼마나 큰 노력을 기울였을지는 쉽게 망각합니다. '탐'은 마음의 번뇌를 왕성하게 만드는 독약이며, 마음에 증오를 만들어 감사를 잊게 만듭니다.

'탐'은 가치관을 왜곡한다

지금 우리가 사는 사회가 이토록 물질 지향적이기에 사람들은 더 높은 성공을 거두고 더 많은 것을 소유하며 더 많은 돈을 벌어야 한다고 여깁니다. 그래서 어릴 때부터 다양한 기대를 짊어지지요. 학교에서는 선생님과 학부모가 공부를 잘해서 시험에서 높은 점수를 받으라고 요구합니다. 그래야 성공으로 가는 입장권을 받을 수 있다고 하면서요. 사회에서 열심히 일할 때는 번드르르한 체면과 겉모습에 치중하는 한편 남들 통장에 적힌 숫자를 신경 씁니다. 돈이 있고 힘이 있으면 더 많은 특권을 누릴 수 있고 남들보다 더 큰 목소리로 발언할 수 있으며 더 많은 대우를 받을 수도 있습니다. 이렇게 좋은 점이 많으니 자연히 저마다 이런 신분과 지위를 좇는 것이지요.

한번은 미국에 있는 한 불교센터에 가서 짧게 강의를 했습니다. 그러던 어느 날 불교센터의 한 후원자와 함께 점심 식사를 했어요. 그분은 재미있고 유머 감각이 있는 미국인이었습니다. 식사 자리에서 많은 흥미로운 이야기를 주고받았지요. 불교센터를 건립할 당시 큰 금액을 기부하여 센터에서 근무하는 사람들을 깜짝 놀라게 했다고 했습니다. 그래서 저는 옅은 미소를 지으며 그분에게 말했습니다.

"제가 보기엔 이곳에 있는 모든 사람이 당신을 좋아하는 것 같습니다. 여기 계신 스님도 당신을 좋아하고, 심지어 젊은 아가씨도 당신을 좋아하고요."

불교 단체의 운영이 이 정도이니, 사회에서는 더더욱 말할 것도 없겠지요. 현대인이 어릴 때부터 아주 잘 아는 점이 하나 있습니다. '사회에서 생존하고 다른 사람에게 존중과 칭찬을 받고 싶으면 돈 있고 힘 있는 사람이 되도록 노력해라.' 이런 생각 뒤에는 우리가 한껏 욕심을 부리지 않고 뭔가를 얻고 싶어 하지 않으면 사회에서 발을 붙이기 어렵다는 논리가 숨어 있습니다.

이를 통해 보편적으로 왜곡된 가치관이 만들어집니다. 이를테면 공인(公人)을 평가할 때 그가 얼마나 위대한 공적을 이루었는지를 기준으로 삼는 것이 아니라, 그가 얼마나 돈을 많이 벌었는지를 보는 것입니다. 마음이 몹시 자애롭고 의술이 뛰어난 의사가 수백 명의 환자를 보는데도 돈은 잘 벌지 못한다면 사람들은 그의 인생이 그다지 성공적이지 않다고 여길 겁니다. 반면 그냥 평범한 의료인이지만 큰돈을 벌어들이는 능력이 있다면 그가 딱 한 명의 환자만 본다 해도 사람들은 그가 의술이 대단한 의사라고 생각하겠지요.

절대적인 권력은 절대적인 부패를 초래한다

이제 '탐'(貪)의 각종 면면을 살펴보겠습니다. 첫째는 성공에 대해 생기는 미련, 둘째는 물질과 돈, 부 등에 대해 생기는 미련, 셋째는 사회에서 존중받고 싶어 생기는 미련, 넷째는 권력에 대해 생기는 미련입니다.

미련은 마약과 비슷합니다. 권력을 맛보면 빠져나오기가 매우 힘듭니다. 모든 정치인이 권력에 목매며 권력의 계단을 오르려 열심히 노력하는 이유이지요. 물론 정치인들은 이를 완강히 부인하며 번지르르한 말을 늘어놓을 겁니다. "제가 하는 일은 다 국가와 사회를 위한 겁니다." 하지만 실제로는 그들이 권력에 어마

어마한 미련이 있다는 걸 다들 잘 알지요.

현실 생활에서 능력 있는 젊은이가 처음에는 이상을 품고 정치에 뛰어들지만, 그 후 차츰 한 명의 정치인으로 '성장'하면서 점점 야심에 매몰되는 불행한 경우를 종종 봅니다. 그래서 영국의 역사학자 존 달버그 액턴(John Dalberg-Acton, 1834~1902) 남작은 "권력은 사람을 부패시키고, 절대적인 권력은 사람을 절대적으로 부패시킨다"라고 하였습니다.

권력을 얻은 사람은 자신이 하고 싶은 대로 할 수 있으니, 결국 사회에서는 이런 이상한 가치관을 옹호하는 경우가 많아집니다. 일례로 국가의 권력을 장악한 자가 불법을 저지른다면, 그가 큰 권력을 가진 사람이므로 사람들은 그의 결함을 눈감아 주며 맹목적으로 그를 숭배하기가 쉽습니다. 그의 주변인은 그의 죄를 폭로할 수 없을뿐더러, 되려 그의 영웅적인 이미지를 만들기 위해 그를 도와주러 갈 겁니다.

일부 국가에선 참혹한 내전이 벌어진 적이 있었습니다. 전쟁에서 많은 이들이 목숨을 잃었지요. 전쟁이 끝나자 국가 시스템 내의 권력이 요동쳤습니다. 원래 아무 권력도 없던 사람이 내전을 틈타 고위직에 오르고 국가의 실권자가 되었습니다. 그래서 영어에 이런 속담이 있지요. "한 명을 죽이면 그가 범인이지만 수백만 명을 죽이면 그는 정복자다." 그야말로 권력이 얼마나 무서운지를 잘 보여 주는 문장입니다.

사람들은 권력을 좋아하고 권력을 추구합니다. 권력을 갈망하는 야망은 한도 끝도 없습니다. 그런데 이는 비단 한 개인의 문제가 아니라 사회와 가정이 빚어낸 평범한 문제인 경우가 많습니다. 한번은 노벨상 수상자인 말랄라 유사프자이(Malala Yousafzai)의 인터뷰 영상을 본 적이 있습니다. 파키스탄 출신의 젊은 인권 운동가인 말랄라는 생명의 위험을 무릅쓰고 자국의 여성을 위해 권력과 교육받을 권리를 쟁취했습니다. 그 공로를 인정받아 열네 살이던 2014년에 노벨상 수상자 중 가장 어린 나이로 노벨 평화상을 받았습니다. 영상에서 말랄라는 의사가 되길 꿈꿨다고 이야기하더군요. 하지만 아버지의 권유로 정치에 입문했습니다. 정치가가 의사보다 더 많은 권력을 쥘 수 있기 때문이었습니다. 말랄라의 아버지는 세상 물정에 밝은 사람처럼 보이지만, 어떻게 해야 험난한 사회에서 지혜롭게 자신을 지킬 수 있는지를 알고 있었던 것뿐입니다.

다른 사람을 위해 좋은 일을 하자

우리는 이런 사회에서 살고 있지만 한 가지 스스로 선택할 수 있는 일이 있습니다. 바로 선량한 사람이 될 수 있다는 것입니다. 행동에 배려와 자비를 실을 수 있고, 타인의 고통과 슬픔을 위해 기도하며 시시때때로 그들을 위해 복을 빌 수 있습니다. 이렇게 선량한 사람은 우리 자신에게 영양분을 공급하여 마음이 온화해지며, 다른 이들에게 덕을 끼칠 수 있습니다. 부모들도 아이들을 건전하고 사랑이 많은 인격체로 키울 수 있습니다. 아이에게 꼭 성공해야 하는 것은 아니라고 가르치거나 아이에게 최고가 되어야 한다고 다그치지 않을 수 있습니다. 그 대신 이렇게 말하는 것이지요.

"다른 사람을 위해 좋은 일을 하거라."

지금 우리 사회에서 행복하다고 생각하는 사람은 극히 소수이며, 많은 이들은 인생의 질문에 대응하느라 지쳐 인생이 더 아름다울 수 있다는 사실을 간과합니다. 부모들의 인생 방식에는 성공으로 향하는 계단을 오르는 것말고도 추구해야 할 가치가 있는 다른 일들도 포함되어야 합니다. 부모는 아이가 더 바람직한 인품과 심성을 기르도록 도와주어야 하며, 아이가 배려하며 사회에 보답하는 법을 알도록 가르쳐야 합니다.

평소 구걸을 해서 살아가는 가난한 엄마와 아들이 있었습니다. 코로나 기간에 정부가 도시를 봉쇄하자 두 모자는 밖에 나가 구걸하지 못해 먹을 음식이 없었습니다. 게다가 엄마는 중한 병까지 있었지요. 그래서 아들은 방역 규정을 어기고 밖으로 나가 빵을 훔쳤고, 집에 가지고 와 엄마의 허기를 달랬습니다.

여기에서 문제가 발생합니다. 아들이 빵을 훔쳐 엄마에게 먹인 행동은 법적인 측면에서 절도죄에 해당합니다. 하지만 엄마가 음식을 먹지 않으면 굶어 죽을 테니 아들은 효를 행한 것이기도 합니다. 그러면 이 아들이 엄마를 위해 빵을 훔친 게 옳을까요, 아니면 잘못된 행동일까요? 이건 실제로 있었던 이야기입니다. 구글(Google)에서 찾아보면 인도에서 진짜 있었던 이야기임을 알 수 있습니다.

다수는 절도가 나쁘므로 옳지 않은 행동이라고 생각합니다. 하지만 아이의 처지에서 역지사지로 생각하면 이 질문에 대답하기가 곤란할 겁니다.

세상에는 흑백논리로 판단할 수 없는 일들이 많습니다. 때때로 상황은 애매모호한 회색지대에 놓이기도 합니다. 그러므로 아이가 넓은 가슴과 거시적인 시야를 갖도록 키워야 하며, 아이가 지혜롭게 성장하여 좀 더 두루두루 사고할 수 있도록 도와야 합니다. 아이가 이 가난한 모자 이야기를 생각해 보도록 격려하면서 아들을 자기로 바꿔서 생각하게 해 보세요. 또 그들을 위해 무엇을 할 수 있는지 생각하게 해 보세요. 그러면 앞으로 자녀가 사회에 나갔을 때 시야가 그리 좁지 않을 것이며, 좀 더 다른 사람을 위해 좋은 일을 행하는 법을 알게 될 겁니다.

두 번째로 요즘 사람들의 생활을 보면 다들 사회에 당당히 서길 원합니다. 인생이라는 마라톤에 나간 것과 비슷하지요. 마라톤 경기는 도중에 그만둘 수 없으므로 끊임없이 앞으로 달려야 합니다.

인생이라는 경기에서 중도하차하고 싶다면 곧 누군가가 우리를 대체하고, 우리는 친구들 모임에서 서서히 존재감을 잃거나 사회라는 틀 밖으로 걷어차일 겁니다. 제 친한 친구가 어떤 나라의 외교관을 지낸 적이 있습니다. 한번은 그 친구가 흥미로운 이야기를 해 주었어요.

외교관이던 시절 그는 외출할 때 유명 브랜드의 자동차를 탔고, 상류사회의 여러 정계 요직 인사를 만나며 멋지고 화려한 생활을 했습니다. 은퇴한 뒤로는 더 이상 대사라는 타이틀을 가지고 있지 않으니 어느 곳으로 여행을 가든 특별 대우라든지 외교상 특혜를 누리지 못했지요. 유명 인사의 파티에 들락거리지도 못하고 그전처럼 여러 국가를 방문할 수도 없게 되었습니다. 그러자 과거에 자주 연락을 주고받던 친구들이 그에게 살갑게 대하지 않고 관계도 소원해졌습니다. 심지어 그를 몹시 무시하는 사람도 있었으며 더는 그에게 아첨하지도 않더랍니다.

이 외교관 친구가 처한 상황을 생각해 보지요. 이미 은퇴한 그는 마음에 어떤 느낌이 들었을까요? 여러분의 친구들이 여러분을 무시한다면, 여러분을 에워쌌던 후광이 갑자기 없어지고 사람들의 존경이 사라진다면 어떤 기분일까요? 분명히 매우 속상하고 난처하지 않을까요? 과거의 명망 높던 생활을 잊기 힘들지는 않을까요? 이런 상황이라면 분명히 자녀에게 아비의 실패를 교훈 삼아 생존하는 방법을 거머쥐라고 당부할 것입니다.

우리는 부모님을 많이 이해해 드려야 합니다. 그분들은 인생의 시련을 겪고 인생의 모진 비바람을 겪었기에 우리가 상처받지 않길 바라는 것이니까요. 부모들은 늘 아이가 잘되는 것을 출발점으로 삼지만, 저는 부모들에게 이렇게 조언합니다.

"아이에게 성공해서 부자가 되는 길만 가르치지 말고, 자애로움과 배려 등 긍정적인 인생의 모습을 더 많이 가르치세요. 이렇게 선량한 마음을 지닌 아이는 더 쉽게 성공을 거두고 좋은 인연을 더 두루두루 맺을 것이며, 더 광활한 인생으로 나아갈 수 있을 겁니다."

아이에게 꼭 성공해야 하는 건 아니라고 가르치거나 아이에게 최고가 되어야 한다고 다그치지 않을 수 있습니다. 그 대신 이렇게 말하는 것이지요.
"다른 사람을 위해 좋은 일을 하거라."

마음을 차분히 하고 생각해 보자

이어서 탐욕의 단점에 관해 이야기해 보겠습니다. 탐욕에는 각양각색의 단점이 있지만, 그중 첫 번째는 바로 사치스럽게 살다가 검소해지기는 쉽지 않다는 점입니다.

세상에는 흑백논리로 판단할 수 없는 일이 많습니다.

수년 전 우리 승원의 스님들이 함께 성지순례를 갔습니다. 선한 마음씨를 지닌 후원자가 우리를 위해 시설이 아주 좋은 호텔을 준비해 주셨어요. 성지순례를 마친 후 우리는 남인도로 돌아왔고, 그때는 우리를 위해 숙소를 잡아줄 후원자가 없어서 평소 투숙하던 여관에서 묵었습니다. 그런데 그날 밤 몇몇 스님이 여관에서 잠을 못 자는 거예요. 여관의 악취가 하늘을 찌른다면서 뒤척이며 잠을 못 이루더니 결국 다른 곳에 가서 묵었습니다.

가성비가 좋은 그 여관은 사실 스님들에게 매우 익숙한 곳이었고, 매번 여행할 때마다 반드시 묵는 곳이었습니다. 그전까지는 여관의 냄새에 대해 스님들이 불평한 적이 한 번도 없었는데 성지순례를 다녀온 후로 모두의 기준이 별안간 높아졌고, 여관의 환경을 견디지 못하게 된 것이지요. 5성급 호텔에 비하면 그 가성비가 좋은 여관은 환경이 그저 그렇습니다. 좋지 않은 냄새가 나서 스님들을 잠 못 들게 만들기도 했고요. 이것이 바로 흔히들 이야기하는 '사치스럽게 살다 검소해지기는 어렵다'라는 겁니다. 일단 넉넉한 환경에 익숙해지면 그전으로 돌아갈 수 없는 경우가 많습니다.

스님들의 일화에서 유명한 덴마크 동화 「공주와 완두콩」 (The Princess and the Pea)이라는 이야기가 떠올랐습니다. 진짜 공주를 찾으려는 왕자는 폭풍우가 치는 어느 날 밤 온몸이 젖은 소녀를 만납니다. 소녀는 왕자에게 자신이 진짜 공주라고 이야기하고, 왕비는 침대에 완두콩 하나를 놓고 그 위에 20개의 매트와 20개의 거위 깃털 이불을 올려두지요. 다음 날 아침 사람들이 소녀에게 잘 잤느냐고 묻자 소녀는 어째 이불 밑에 딱딱한 게 있는 것 같아서 밤새 한잠도 못 잤다고 대답합니다. 그리하여 사람들은 소녀가 진짜 공주임을 알게 되지요.

욕심에 관한 이야기를 하나 해드리겠습니다.

욕심 많은 지네

예전에 지네에게는 다리가 네 개밖에 없었고 몸이 매우 민첩해 벌레를 잡아먹으며 즐겁게 살았다고 합니다.

어느 날 지네가 고개를 들어보니 나무 위의 곤충에게는 다리가 여섯 개 있었습니다. 지네는 그 곤충이 부러워서 하느님께 기도했습니다. "하느님! 제게 다리를 몇 개만 더 주세요. 다리가 더 많아지면 더 많은 벌레를 잡을 수 있을 거예요."

지네의 기도를 들은 하느님은 지네에게 다리를 네 개 더 주었고, 여덟 개의 다리를 가지게 된 지네는 더 빨리 뛸 수 있게 되었습니다. 그리고 자기도 모르게 이런 생각이 들었어요. '다리가 여덟 개 있으니 이렇게 대단해지네. 그렇다면 다리가 더 많다면… 아무도 내 상대가 안 되겠지?'

욕심이 생긴 지네는 낮이고 밤이고 쉬지 않고 하느님께 기도

했고, 하느님은 지네에게 이렇게 말했습니다. "다리가 여덟 개니 얼마나 좋으냐. 거미와 전갈도 다리가 여덟 개밖에 없지 않으냐."

그래도 지네는 단념하지 않고 하느님께 불평했습니다. "거미는 거미줄을 짤 수 있으니 저보다 벌레를 잘 잡아요. 전갈은 여덟 개의 다리 외에도 독침이 있잖아요. 불공평해요. 저는 여덟 개의 다리밖에 없잖아요. 더 많은 다리가 필요해요!"

하느님은 어쩔 수 없이 지네에게 몇 쌍의 다리를 더 붙여 주었고, 지네는 17쌍의 다리를 갖게 되었습니다. 다리가 많아진 지네는 신나서 밖에 나가 벌레를 잡았습니다. 그런데 다리가 너무 많다 보니, 그 많은 다리로 조화롭게 길을 걸으려면 힘이 많이 필요했고 예전처럼 민첩하게 움직일 수가 없었습니다.

지네는 후회가 밀려왔고 다시 하느님께 기도했습니다. "제발 네 개의 다리로 돌아가게 해주세요!" 하지만 하느님은 빙긋이 웃으며 말했습니다. "그게 바로 끝없이 욕심을 부린 자의 말로이니라. 다리가 아주 많았으면 좋겠다고 하지 않았느냐? 계속 그 모습으로 살아가거라!"

탐욕은 원래 가지고 있던 아름다움을 잊게 만든다

지나친 '탐'은 괴로움을 동반하며 원래 있었던 아름다움을 잊게 만듭니다. 이것이 탐욕의 두 번째 단점입니다. 강한 탐욕은 돈과 권력을 좇도록 내몰고, 돈과 권력을 맛본 뒤에는 원래 있었던 아름다운 것들을 깡그리 잊고, 원래 풍족했던 자기 모습을 보지 못합니다.

애플의 창립자인 스티브 잡스는 그의 저서에서 이런 말을 한 적이 있습니다. "나는 죽음이 임박해서야 돈의 가치를 새롭게 인식했다." 그는 가족과 함께 지냈던 아름다운 나날이야말로 인생에서 가장 가치 있는 시간이었음을 깨달았다고 합니다.

젊은 시절 스티브 잡스는 다른 사람과 마찬가지로 밤낮없이 일에 미쳐 살았고, 더 많은 부를 축적할 생각뿐이었습니다. 그런데 사람들이 부러워하는 모든 걸 얻고 나서 자신의 인생을 돌이켜보니 너무나 많은 것을 놓쳐 버렸다는 사실을 알았습니다.

스티브 잡스는 그의 저서에서 이런 말을 한 적이 있습니다. "나는 죽음이 임박해서야 돈의 가치를 새롭게 인식했다." 그는 가족과 함께 지냈던 아름다운 나날이야말로 인생에서 가장 가치 있는 시간이었음을 깨달았다고 합니다.

탐욕의 세 번째 단점은 멈출 수가 없다는 것입니다. 처음에는 마음에 한 개의 탐욕이 생기지요. 수백만 원의 부를 벌어들이길 갈망합니다. 그런데 정말로 수백만 원의 돈을 벌고 나서도 돈을 벌고 싶다는 욕망은 사그라들지 않습니다. 수백만 원을 벌었으니 더 노력하면 수천만 원 정도는 금세 벌 수 있을 것이라 생각합니다.

소금물을 마시면 마실수록 갈증이 심해지는 것처럼, 욕심에 부채질을 하면 돈과 권력을 얻고 싶다는 생각은 멈추질 않고, 돈과 권력을 손에 넣은 후에도 마음속 탐욕은 우리를 계속 부추깁니다. 끊임없이 앞만 보고 달리며 쫓으라고 또다시 명령합니다. 눈앞에 당근이 달려 있어서 그것을 쫓아가지만, 영원히 당근을 잡을 수는 없는 것처럼 말이지요. 하나를 가지면 두 개가 갖고 싶어지고, 욕망은 점점 더 강해집니다. 마음에 탐욕이 생기면 끊임없이 쫓고, 더 이상 계속할 수 없을 때까지 끊임없이 더 많이 갖고 싶어 합니다.

탐욕의 네 번째 단점은 강렬한 탐욕이 있으면 주변에 마음을 쓰지 않게 된다는 점입니다. 예를 들어 권력과 돈을 탐하는 데서 그치지 않고 강한 집착이 생기면 그걸 얻기 위해 타인을 무시할 수도 있고, 친한 친구의 이익을 희생시킬 수도 있습니다. 결국엔 친구를 잃고 시간을 잃으며, 소중한 많은 것을 잃게 됩니다.

마음에 탐욕이 생기면 끊임없이 좇고, 더 이상 계속할 수 없을 때까지 끊임없이 더 많이 갖고 싶어 합니다.

탐욕에 좋은 결과가 따르면 더 많은 '탐'이 자라나며, 자기도 모르게 탐욕의 노예가 되고 맙니다. 그러나 사실 탐욕을 마주할 때 우리는 선택이라는 걸 할 수 있습니다. 정말로 탐욕을 극복하고 싶다면 용감하게 첫걸음을 내디뎌야 합니다. 용기를 내어 선택을 하고, 그 길이 옳다고 믿고, 스스로 옳다고 믿는 일을 용감하게 해 나가는 겁니다.

보통 사람들은 이런 용기를 갖기 어렵지만, 예전에 부처님은 우리를 위해 이런 용기를 보여 주었지요. 부처님은 왕궁을 떠날 때 용기라는 갑옷을 두르고 탐을 좇는 마음을 버렸습니다. 우리도 용기의 갑옷을 입고 인생을 위하여 조금씩 바꾸어 나가야 합니다.

탐욕을 멀리하려면 많은 걸 포기해야 하겠지요. 용기 있는 방법과 단계가 필요할 겁니다. 지금은 완벽하게 해낼 수 없을지 모릅니다. 하지만 우선 용감하게 첫 발짝을 내디뎌 보세요. 그러면 마음의 탐집을 완전히 내려놓고 더 이상 번뇌에 사로잡히지 않아 맑은 하늘과 같은 평안함을 얻을 수 있을 겁니다.

6장   원하는 대로 되지 않는 것이
        때로는 행운일 수 있다

탐욕에 빠져 있음을 말하기에 앞서 우리가 알아야 할 핵심 키워드는 경각심(警覺心)입니다. 아주 중요한 부분이지요. 탐욕에 빠져 있다는 경각심을 갖지 않으면 탐욕을 좇으려는 생각은 계속 나타납니다.

탐욕에 빠지지 않으려면 보지 말고 생각하지 않으면 그만이라고 말하는 사람도 있겠지요. 하지만 이 방법으로는 문제가 해결되지 않습니다. 탐욕에 빠져 있는 상황을 다스리려면 가장 중요한 것은 무엇보다 경각심을 갖는 겁니다.

탐욕에 빠지는 근원

그렇다면 탐욕에 빠지는 근원은 대체 무엇일까요? 그 근원은 '우리가 행복을 원한다'라는 것입니다. 이 주제를 이야기하기에 앞서 먼저 '원함'에서 탐욕이 비롯된다는 사실을 알아야 합니다. 어떤 대상을 그저 원하는 상태를 넘어 분(分)에 넘치게 원할 때 탐심이 일어났다고 하고, 그러한 분에 넘침을 살피지 못하고 내가 원하는 걸 손에 넣으려고 추구하는 마음이 탐욕입니다. 거기에 눈멀어 오로지 그것만이 내 행복의 근원인 것처럼 여기고 그 꽁무니만 쫓아다니는 것을 탐착(貪著)이라고 합니다. 이 모두가 어떤 대상을 '반드시 나의 행복을 위해 손에 넣어야 할 것'이라고 정해 버렸기에 어떤 대상을 자연스레 원하게 되고, 그 원함이 간절할수록 자기의 몫을 헤아리지 못하고 분에 넘치게 얻고 싶어서 죽기 살기로 빠져들게 만드는 갈애(渴愛) 때문입니다.

탐착이라는 것에 의문을 지닌 이들이 많습니다. '사랑'과 '탐착'이 어떻게 다른지 잘 이해하지 못하기도 하고요. 이 둘을 구분하려면 먼저 시간이 긴지 짧은지를 놓고 판단해야 합니다. 일반적으로 '사랑'의 시간이 '탐착'의 시간보다 길지요. 이를테면 자녀에 대한 엄마의 사랑은 아주 오래도록, 있는지 없는지 모르는 그 순간에도 존재합니다. 반면 탐착이라는 느낌은 어느 날 갑자기 사랑이라는 탈을 쓰고 생기기도 합니다. 그것을 사랑이라 우기기도 하지요.

하지만 사실 그건 미련 또는 집착에 불과하며 진정한 사랑은 아닙니다. 진정한 사랑은 온전히 사심이 없으며, 온 마음과 뜻을 다해 상대를 생각합니다. 반면 탐착에서 비롯된 사랑은 이기적인 사랑이며 점유입니다. 자기 개인의 욕망을 충족하는 것에 그치고 말지요. 이런 탐착은 기간이 짧으며 오래 유지되지 않습니다. 지금 이 사람에 대해 탐착이 생기면, 한동안의 시간이 지난 후에는 또 다른 사람에게 탐착이 생깁니다. 이처럼 사랑과 탐착의 주된 차이점은 지속되는 시간의 길이에 있습니다.

예를 들어보겠습니다. 지금 오른손에 물건 하나를 들고 있다고 칩시다. 그것을 오래 들고 있으면 손이 저릿저릿하겠지요. 그러면 어떻게 하겠습니까? 아마 왼손으로 바꿔 들 겁니다. '바꾸는 것'을 해결책으로 삼는 겁니다. 하나의 방법이긴 하지만 이 역시 옳은 방법은 아니며 당장 고려해야 할 문제도 아닙니다.

탐욕에 빠져 있다는 경각심을 갖지 않으면 탐욕을 좇으려는 생각은 계속 나타납니다.

사실 우리네 인생이 이렇습니다. 예를 들어 누군가가 싫어지면 다른 사람으로 바꾸죠. 누군가에 대한 감정이나 어떤 관계의 기초를 다지는 것이 탐착에서 비롯된다면, 그 관계는 오래 유지될 수가 없습니다.

고대 인도 사람들은 보통 과부를 불길한 존재로 여겼습니다. 그래서 일반인은 과부와 결혼하지 못했어요. 과부와 결혼하면 불행이 찾아오고 액운을 부른다고 생각했습니다. 어느 날 한 사람이 그의 스승을 찾아가 과부를 사랑하게 되었고 그녀를 아내로 맞고 싶다고 말했습니다. 스승이 그에게 말했습니다.

"아주 신중해야 하네. 그리고 자네가 정말 그녀를 사랑하는지 아니면 그저 그녀를 탐착하는 건지를 분명히 알아야 하네."

그가 답했습니다.

"저는 그 과부를 사랑하기 때문에 결혼하고 싶은 겁니다."

그는 자신이 용기를 내어 그 과부와 결혼하면 전 사회에 혁명이 일어나지 않을까 하는 순진한 생각을 했던 겁니다.

아무도 과부와 결혼할 엄두를 내지 못하니 자기가 몸소 선례를 보이면 '이런 혁명이 과부에 대한 우리 사회의 관념을 바꿀 수 있을 것'이라고 생각한 것이지요. 그는 자신만만하게 말했습니다. 그는 정말로 그 과부를 동정했고, 그 과부가 너무 안됐다는 생각이 들었습니다. 그래서 스승에게 이야기를 한 뒤에 과부와 결혼해 집으로 갔습니다.

6개월 후에 그가 다시 스승을 찾아와 말했습니다.

"저는 이제 아내를 사랑하지 않습니다."

겨우 6개월 만에 아내에게 싫증이 난 겁니다.

"그녀는 이제 더는 과부가 아니에요. 그래서 그녀에게 더는 동정심이 생기지 않습니다. 이제 저는 어떻게 해야 하지요?"

스승은 웃으며 그에게 말했습니다.

"있지. 해결할 방법이 있고말고."

스승님은 그에게 스스로 목숨을 끊으라고 조언했습니다.

"자네가 자살하면 자네의 아내는 과부가 되겠지. 그녀가 과부가 되면 다른 사람이 그녀를 사랑하게 될 테고, 그러면 그 사람이 우리를 위해 사회혁명을 벌이면 되네."

과부에 대한 그 사람의 탐착은 딱 6개월간 유지되었습니다. 깊고 탄탄한 뿌리가 없는 참으로 얕은 사랑이었지요. 하지만 엄마는 자녀를 사랑할 때 그 사랑을 증명할 이유가 전혀 필요하지 않습니다. 엄마의 사랑은 사심이 없으며 결코 보답을 바라지 않습니다. 그래서 탐착심에 바탕을 두고 하는 일은 오래 유지할 수 없다는 말을 흔히 합니다.

우리가 대상에 대해 '우리 행복을 위해 꼭 필요하다'고 정해 버리는 일이 생기면, 그에 따라 탐심이 생기고, 이런 탐심 때문에 무언가를 가져야겠다고 생각하게 되지요. '그걸 갖지 않으면 내 인생은 아무런 의미가 없을 거야'라고 생각할 겁니다.

돈이 매우 중요하다고 생각하는 사람이 있다고 칩시다. 그는 돈이 없으면 인생은 아무것도 아니라고 생각할 겁니다. 이런 탐착 또는 탐심을 다스리고 싶다면 자기의 몫이 어느 정도인지, 지금 내가 분에 넘치고 있지는 않은지 헤아리는 경각심이 매우 중요합니다.

이런 경각심을 통해 탐착을 극복할 수 있으며, 경각심이 있어야 일의 옳고 그름에 대해 고민하게 됩니다. 경각심은 일깨워 주는 역할을 하며 최고의 예방 기제와도 같습니다. 분에 넘쳐 모든 걸 다 잃게 만들기 전에 말이죠.

어떤 물건에 대해 또는 어떤 사람에 대해 미련과 집착이 생긴다면, 또 그것을 얻지 못해 괴롭다면 이렇게 생각해 보세요. '원하는 대로 되지 않는 것이 때로는 행운일 수 있다.' 당장 얻지 못한다고 해서 그게 더 좋은 건지는 알 수 없지만, 어쩌면 나중에 더 멋진 선택지를 만날지도 모르는 일입니다.

때로는 조금 더 기다리면서 산만한 마음을 잠시 가라앉히고 발걸음을 늦춰 밖으로 질주했던 마음을 끌어와 경각심을 발휘해 보세요. 자신의 마음이 대체 어떤 생각을 하고 있는지 살펴보는 겁니다. 경각심은 중요한 시기에 우리 대신 관문을 지키고 브레이크를 밟아주는 최고의 방어막 역할을 합니다. 그러면 어떤 일을 해야 하고 어떤 일은 하지 말아야 하는지를 잘 알게 되지요.

경각심이 우리를 지켜 준다면 일의 옳고 그름을 판단할 수 있고, 조급하고 불안한 마음이 차분하게 안정될 겁니다. 경각심이 부족해 미리 일깨워 주는 예방 기제가 없다면 우리는 한도 끝도 없이 탐하게 될 것이며, 자기 자신조차 증오하는 사람이 될 겁니다. 얻고 나서도 더 많은 걸 얻고 싶어 하며, 탐욕스러운 마음이 사라지는 날은 영원히 없을 겁니다.

경각심이 있어야 일의 옳고 그름에 대해 고민하게 됩니다. 경각심은 우리를 일깨워 주는 역할을 하며 최고의 예방 기제와도 같습니다.

탐욕은 사람을 머나먼 곳으로 끌고 간다

탐심에는 치명적인 결점이 하나 더 있습니다. 바로 사람을 영원히 돌아오지 못할 곳으로 데려가고 영원히 돌이킬 수 없게 만드는 것입니다. 우리가 인생에서 저지르는 많은 잘못은 사실 고칠 수 있는 것들입니다. 하지만 종종 욕심 때문에 잘못을 저지르기도 하지요. 이런 잘못의 90퍼센트 이상은 다시 메울 수 없으며, 일단 잘못을 저지르면 돌이킬 수가 없습니다.

원하는 대로 되지 않는 것이 때로는 행운일 수 있다.

'탐'은 마약과 같습니다. 처음 사용할 때는 굉장히 기쁘고 좋아하는 마음이 들지요. 일단 그걸 사용하기 시작하고 즐기기 시작하면, 그것은 사람을 아주 머나먼 곳으로 끌고 가 영원히 돌이킬 수 없게 만듭니다. 한 농부가 탐욕에 눈이 멀어 먼 곳까지 갔다가 해가 지기 전에 출발했던 지점으로 돌아올 수 없었던 것처럼 말이지요.

탐욕은 충족될 수가 없습니다.
이게 바로 탐욕의 진짜 어두운 면이지요.

탐욕과 탐착은 위장에 능합니다. 사람들이 그것의 파괴적인 본질을 제대로 보지 못하게 만들지요. 사실 많은 사람은 탐욕 또는 탐집이 동반하는 결점을 잘 알지 못합니다. 처음에는 '이게 뭐가 문제야!'라고 생각하며 즐기기에 여념이 없습니다. 탐욕이 가져다주는 잠깐의 이익에 미혹되면 탐욕은 사람들을 점점 더 먼 곳으로 데려가 점점 더 깊은 곳으로 빠뜨리지요. 결국 탐욕이 만든 광경에 탐닉하여 다시는 돌이킬 수 없게 됩니다.

아주 오래전에 궁색하게 사는 노부부가 있었습니다. 노부부는 매일 밭에서 힘들게 농사를 지었고, 수확한 작물을 읍내에 가서 팔았습니다. 노부부는 그리 부유하지는 않아도 소박하게 걱정과 근심 없이 살았습니다. 매일 웃음이 가득한 모습이었지요.

어느 날 먼 왕국의 상단이 노부부가 사는 낡은 초가집을 지나가게 되었습니다. 상단에서 눈썰미가 좋은 몇몇 상인이 그 집 마당에 물을 담은 구리 대야가 놓여 있는 걸 문득 보고는 말했습니다.

"구리 대야를 우리에게 팔 수 있을까요? 황금 백 냥을 드리겠소."

구리 대야는 노부부의 조상이 물려준 유산이었고, 평소에 늘 마당에 두었습니다. 그런데 별안간 먼 곳에서 온 상인이 그 대야를 사고 싶다고 하자 노부부는 참으로 의아해했습니다.

"이건 조상님께서 물려준 구리 대야라서 팔 생각이 없소."

노부부는 딱 잘라서 거절했습니다. 노부부가 팔지 않겠다고 하자 상인은 값을 더 높였습니다.

"이 구리 대야는 좀처럼 보기 드문 골동품이니 황금 오백 냥까지 쳐 드리지요."

황금 오백 냥이라는 말을 들은 노부부는 하마터면 기절할 뻔했습니다. 한평생 그렇게 많은 황금은 본 적도 없었고, 그렇게 큰 액수는 들어본 적도 없었기 때문입니다. 일순간 두 사람은 주저하기 시작했지요. 노부부는 상인에게 말했습니다.

"생각을 좀 해 보리다. 며칠 뒤에 답을 주겠소."

그렇게 해서 닷새 후 상인들이 다시 노부부의 집에 오기로 약속했습니다.

상인이 떠난 후 노부부는 의논을 하기 시작했습니다. 아내는 구리 대야를 팔고 싶어 했습니다. 황금 오백 냥이 생기면 두 사람은 큰돈을 벌어 훨씬 크고 좋은 집으로 이사할 수 있고, 더는 힘들게 밭농사를 지으며 궁색하게 살지 않아도 되기 때문이었지요. 하지만 남편은 자기 조상이 물려준 보물을 팔아 버리기가 아까웠습니다. 그가 말했습니다.

"저쪽에서 값을 얼마나 부르든 조상님이 남겨 주신 물건은 팔지 않을 거요."

두 사람은 구리 대야를 파느냐 마느냐를 놓고 의견이 갈렸고, 매일 이 구리 대야 때문에 다툼이 그치질 않았습니다.

더 최악인 것은 노부부의 집에 보물이 숨겨져 있는 데다 그 가치가 황금 오백 냥이나 된다는 소식을 온 동네 사람들이 듣고, 대야를 노리는 사람이 많아진 것이었습니다.

그 이후로 소중한 구리 대야를 누가 훔쳐 갈까 봐 노부부는 잠도 편안히 잘 수가 없었습니다. 노부부는 매일 조마조마하며 안절부절못하는 하루하루를 보냈습니다. 원래 마을에서 가장 행복했던 사람들이 마을에서 가장 번뇌에 찬 사람이 되었지요. 사람들이 노부부를 만나면 그들 얼굴에서 더 이상 웃음을 볼 수 없었습니다.

탐욕은 밑 빠진 독과 같다

지금 이 세계에서 사람들은 돈과 권력, 이 두 가지를 추구하는 데 너무 깊이 빠져 있습니다. 이 두 가지는 모든 탐욕 중에서도 가장 나쁜 번뇌와 망상이며, 전 세계인들이 직면한 가장 심각한 문제입니다. 인도의 한 학자가 이런 말을 했습니다. "돈과 처자식, 둘 중에서 하나를 골라야 한다면 반드시 돈을 골라야 한다. 돈이 있으면 결혼은 다시 할 수 있기 때문이다."

돈에는 이렇게 사람을 매혹하는 힘이 있습니다. 사람들은 문제에 부딪혔을 때 돈만 있으면 90퍼센트 이상의 문제는 가뿐하게 해결할 수 있다고 생각하지요. 90퍼센트 이상의 사람이 다 그렇게 생각합니다. 돈이 있으면 일 처리가 쉽고, 돈으로 해결하지 못할 일은 없다고 말입니다.

법회에 가면 사람들은 수행을 위한 용품을 잘 삽니다. 금강령, 금강저, 염주 같은 것들 말입니다. 손목에 단주를 열 개씩 차고 집에 용품들을 한가득 쌓아 놓는 사람도 있습니다. 이런 사람은 외적인 물건으로 자신의 명예와 권세를 높이길 바라는 경우가 많습니다. 예를 들어 외관이 매우 정교하고 아름다운 금강령과 금강저가 있습니다. 그것이 있으면 수행이 훨씬 나아질 수는 있지만 가난해진다는 부작용이 따른다면, 이런 금강령과 금강저를 택하는 사람은 분명 아무도 없을 겁니다.

탐욕은 충족될 수가 없습니다. 이게 바로 탐욕의 진짜 어두운 면이지요. 칭기즈칸이나 알렉산더 대왕과 같은 역사상 위대한 인물들도 제국의 영역이 몇 개의 대륙을 가로지르게 되었음에도 그들의 욕망이 바닥나는 날은 없었습니다. 그들은 탐욕이 충족되지 않아 끊임없이 세계를 정복하고 싶어 했지요.

하지만 그들이 전 세계를 정복했다고 한들 무슨 소용이 있을까요? 그들이 온갖 궁리를 다 해 세웠던 제국은 이제 사라졌고, 사람들이 즐겨서 입에 올리는 역사의 한 단락에 지나지 않습니다. 그래서 탐욕은 밑 빠진 독과 같다는 사실을 알아야 합니다. 우리가 계속 노력하며 추구하는 일은 인생에서 번쩍하고 지나가는 번개에 불과합니다. 하늘에 떠 있는 구름은 아무리 예쁘고 찬란해도 덧없이 사라지는 법입니다. 우리가 좋는 사물도 아이들이 놀며 쌓아 놓은 모래성과 같습니다. 영원토록 단단한 게 아니지요. 그러니 인생에서 명예와 이익을 얻는 것이나 개인의 성공과 실패를 너무 중요하게 여길 필요가 없습니다.

탐욕과 탐착은 위장에 능합니다. 사람들이 그것의 파괴적인 본질을 제대로 보지 못하게 만들지요. 사실 많은 사람은 탐욕 또는 탐집이 동반하는 결점을 잘 알지 못합니다. 처음에는 '이게 뭐가 문제야!'라고 생각하며 즐기기에 여념이 없습니다. 탐욕이 가져다주는 잠깐의 이익에 미혹되면 탐욕은 사람들을 점점 더 먼 곳으로 데려가 점점 더 깊은 곳으로 빠트리지요. 결국 탐욕이 만든 광경에 탐닉하여 다시는 돌이킬 수 없게 됩니다.

7장 탐욕을 극복하는 효과적인 방법

탐욕의 종류는 매우 다양합니다. 앞에서 일반 사람이 돈과 권세에 탐욕이 생기기 쉽다는 이야기를 했었지요. 이런 탐욕은 사람들에게 잘 들키고 쉽게 간파당합니다. 눈에 보이지 않는 또 하나의 탐욕은 보통 수행자에게서 나타나곤 합니다. 어떤 수행자는 자신의 수행 성과를 굉장히 신경 쓰며 번뇌의 뿌리는 뽑으려 하지 않으면서 공덕이나 복을 쌓기를 좋아합니다. 이들의 탐욕은 보통 사람의 탐욕보다도 훨씬 미세해서 해결하기도 더 까다롭고 제거하기도 쉽지 않습니다.

예전에 두 스님이 강을 건너려고 하는데 마침 강변에 묘령의 여인이 다가왔습니다. 둘 중 나이가 어린 스님은 물살이 세어서 꽤 위험한 것을 보고 묘령의 여인을 업고 강을 건너겠다며 자진해서 나섰습니다. 세 사람이 강을 건넌 후 나이 많은 스님은 몹시 불쾌한 얼굴로 어떻게 젊고 아름다운 여인을 업고 강을 건널 수가 있느냐며, 불교의 계율을 어겼다면서 젊은 스님을 꾸짖기 시작했습니다. 나이 많은 스님은 이야기를 하면 할수록 더 화가 났고 가는 길 내내 잔소리를 늘어놓았습니다. 한참 동안 꾸지람을 듣던 젊은 스님이 말했습니다.

"저는 그 여인을 아까 내려놓았는데 스님께선 어째서 계속 그 여인을 업고 계십니까?"

사물에 대한 기대를 뛰어넘자

한번은 한국의 몇몇 스님들이 수업을 듣기 위해 우리 승원에 왔습니다. 그 한국 스님들은 수행 경험이 풍부해 한국에서 많은 존경을 받는 분들이었습니다. 그런데 티베트불교 승원의 규칙을 따르자면, 그 스님들이 백 년간 수행을 했다 한들 우리 승원에 왔으니 법랍으로 치면 '신입'인 셈이었지요. 승원 측은 그들을 초심자로 간주하여 열대여섯 살의 어린 사미들과 함께 수업을 듣게 하였습니다.

하루는 나이가 지긋한 한국 스님 한 분이 대론을 준비하면서 본인이 대론할 때 쓰는 전용 방석을 가져가려고 했습니다. 그런데 법당에 도착해 보니 열대여섯 살의 어린 사미가 자신의 방석을 흔들고 차면서 가지고 놀고 있었습니다. 이를 본 한국 스님은 화가 머리끝까지 치밀었지요. 한국 스님은 화를 억누르지 못하고 어린 사미를 혼내기 시작했습니다. 자신의 방석을 다른 사람이 이리저리 발로 차는 행위가 굉장한 모욕으로 여겨져 5분에서 10분 정도 한껏 꾸짖었습니다. 어린 사미는 자신을 혼내느라 얼굴까지 시뻘게진 한국 스님을 보고 얼른 그에게 사과했습니다. 한국 스님은 그래도 화가 가시지 않아 씩씩거리며 나갔습니다.

자기 방으로 온 한국 스님은 자신의 수행 진도에 맞춰 기도문을 외우기 시작했습니다. 그 기도문 중에서 "모든 중생이 행복해지길 원한다"라는 게송을 외우는데 문득 머릿속에 어린 사미의 모습이 떠올랐습니다. '그 어린 사미도 사실 중생이 아니던가?' 그는 이 일로 며칠 동안 제대로 수업을 받을 수가 없었습니다. 몇 년 후 한국 스님은 승원 생활에 차츰 적응했고, 한국에서 새로운 스님이 오면 그들에게 먼저 마음을 잘 가다듬도록 조언했습니다. "이곳은 예전에 있던 곳과는 다른 곳입니다. 여기는 한국이 아닙니다." 그렇게 해서 자기 수행에 대한 고집을 깨도록 도와주었습니다.

현대의 불교센터나 승원이든 일반 기업에서든 이와 비슷한 상황이 부지기수입니다. 현실에 부합하지 않는 기대를 품고 직함과 지위에 지나치게 욕심을 부려 조직 안에서 치열한 경쟁이 벌어지고 누가 더 높이 올라가는지 비교하지요. 그러면 조직이 조화롭게 발전할 수 없고요. 사람들의 지나치게 많은 욕심과 내려놓지 못하는 마음 때문에 일어나는 일들입니다.

부처님이 처음 불교 체계를 세울 때도 바로 이와 같은 이유로 많은 문제가 나타났습니다. 그래서 부처님은 결국 그렇게 많은 계율을 발표할 수밖에 없었습니다. 계율은 일종의 구속이며 외부적으로 일깨워 주는 것입니다. 우리가 마음이 약해 자신의 탐욕을 통제할 수 없을 때 계율이 큰 역할을 발휘하여 우리가 마음을 잘 지키도록 도와줍니다.

불교 승원은 수천 년의 역사를 거치면서 체계가 많이 자리를 잡았습니다. 전반적으로 운영이 비교적 잘 되고 있고, 잘못을 바로잡는 시스템도 잘 되어 있습니다. 하지만 일반적인 사회에서는 아직 세속을 벗어나지 못해 앞에서 소개한 스님과 같은 상황이 벌어지곤 합니다. 여러 사물에 너무 높은 기대를 품고, 상황의 전개와 기대에 어긋나거나 결과가 기대에 못 미치면 실의에 빠지거나 화를 내게 되지요.

탐착을 극복하려면 천천히 끊임없이 연습하는 노력이 필요하며, 자신의 기대치를 뛰어넘는 상황이 발생하는 경우가 많다는 사실을 알아야 합니다. 다양한 문화와 사회 풍습에는 다양한 문화적 맥락이 자리하고 있습니다. 따라서 어떤 상황에 직면하면 기존의 생각에 매몰되지 말고 자신이 기대하는 바를 뛰어넘어야 합니다.

제자들을 데리고 스리랑카에 성지순례를 갈 때면 저는 현지에 도착하자마자 제자들에게 "스리랑카에 도착하면 나는 이제 린뽀체가 아니며 그냥 평범한 스님이다"라고 당부합니다. 스리랑카는 상좌부불교 체계에 속하며, 그 본연의 문화와 시스템이 있습니다. 그래서 그곳에서 저는 린뽀체가 아니며 그런 칭호로 불리는 것이 적합하지 않습니다.

로마에 가면 로마법을 따라야 하듯이 스리랑카 사원에 가면 스님들은 좌석을 안배할 때 당연히 상좌부불교의 시스템을 존중해야 합니다. 연륜이 있고 중요한 출가인은 앞쪽에 앉고, 우리처럼 외부에서 온 스님은 뒤쪽에 앉는 겁니다. 이것은 존중을 하고 말고의 문제와 무관합니다. 한국 스님의 사례처럼 그곳의 문화를 받아들이고 적응해야 하며, 그쪽에서 우리의 체계나 사상, 문화에 적응하라고 강요해서는 안 됩니다.

로마 교황청의 은행

한번은 바티칸, 그러니까 천주교 교황이 머무는 곳의 방문 요청을 받았습니다. 당시 바티칸에서 전적으로 국제 사무를 담당하는 직원이 나와 맞아주었고, 우리를 이곳저곳으로 데리고 다니며 구경도 시켜주었습니다.

그는 한 은행으로 우리를 데려가 참관시켜 주며 그곳이 바티칸은행이라고 특별히 소개했습니다. 로마 교황청의 금융자산을 전적으로 관리하는 곳이라고 했습니다.

바티칸은행은 대중이 사용하는 용도의 은행이 아니라 개인 은행으로서 대외에 개방하지 않습니다. 그래서 일반 시민에게 대출을 해주지 않고 시민의 예금을 받지도 않습니다. 바티칸

은행은 '신의 은행'과도 같습니다. 교황 비오 12세(Pope Pius XII)가 1942년에 설립했고, 정식 명칭은 로마 교황청 종교사업협회(Istituto per le Opere di Religione, IOR)입니다. 평소 수행하는 주요 기능은 로마 교황을 위해 일하며 종교단체의 자산을 맡아 관리하는 것입니다. 종교단체가 자체적인 은행을 보유할 수 있다는 건 저와 같은 불자가 보기에는 참으로 놀라웠고, 천주교의 운영 체계에 진심으로 탄복했습니다.

현대의 불교 승원이나 불교 단체는 자체적인 은행 시스템이 없으며, 여전히 기부자와 승원 간의 공양 제도를 유지하고 있습니다. 이는 수천 년간 이어져 내려온 불교의 전통으로, 맨 처음에는 신도들에게 복전(福田)을 가꾸라는 용도로 생겼습니다. 다음 생에 더 좋은 곳에 태어나 행복해지기 위해 복을 쌓는 것이지요.

하지만 승원을 운영하고 유지하기 위해 최근 많은 승원은 시주를 많이 하는 이들을 다른 눈으로 바라보며 특별 대우를 해줍니다. 이런 관례로 인해 바람직하지 않은 현상들이 발생하고 신도들끼리 서로 기부를 놓고 경쟁합니다. 기부를 크게 하면 애정 어린 관심을 더 많이 받을 수 있다고 기대하는 것이지요. 이런 낡은 관습 때문에 승단과 신도들 사이에 불화가 빚어지고, 신도는 맹목적으로 이른바 복이라는 것을 좇게 됩니다.

불교 단체는 어떻게 오랫동안 운영을 지속해 갈까

한번은 몽골에 가서 강의를 하는데 아주 재미있는 일이 있었습니다. 당시 동행했던 사원의 주지가 제게 말했습니다.

"린뽀체 님, 과학적인 논리로 분석해서 불법을 강의하시면 안 됩니다. 그런 식으로 불교를 알려서는 신도를 끌어들일 수 없어요. 사람들이 오지 않으면 사원과 불교 단체에 기부할 사람이 없고, 사원과 불교 단체는 운영을 할 수가 없어요."

곰곰이 생각해 보니 요즘 90퍼센트 이상의 사원과 단체가 외부의 기부에 의존하고 있습니다. 그러다 보니 사람들이 이 사람은 사원에 기부를 크게 하는 사람이고 저 사람은 사원에 기부를 적게 하는 사람이라며 구분하는 것도 무리는 아니지요. 신도들을 대하는 방식도 다르고요.

사원이 차이를 두고 신도를 대하는 것은 사무를 관리하는 사람에게 탐욕이 있어서가 아니라 그 사원이나 단체가 자급자족할 수 없어 생존하려면 기부에 기댈 수밖에 없기 때문입니다. 이 점이 바로 경쟁의 근원이지요. 사원의 기부금은 여러 대중에게서 오며 출처가 안정적이지 않으므로 경쟁과 같은 상황이 쉽게 벌어지는 것입니다. 경쟁이 생기면 자연히 사람 마음이 불안해지고 마음에 탐욕이 생깁니다. 또 그 뒤로 온갖 부정적인 상황이 잇달아 발생합니다. 예전에 부처님이 출가 수행자에게 세상의 매매에 관여하지 못하게 한 이유가 바로 여기에 있습니다. 부처님은 출가 수행자가 빚을 내서 작은 장사를 하는 것만 허용했지요.

요즘 많은 불교사원이나 불교센터는 적잖은 빚을 지고 있습니다. 사원을 지으려면 큰 비용이 있어 하고, 센터는 수도요금, 전기요금, 임대료 등을 지불해야 합니다. 이러한 비용도 따지고 보면 형식상의 채무지요. 불교사원이나 센터가 자체적인 사업을 운영하거나 재단을 설립해 법과 규범에 부합하는 방식으로 조직을 운영할 수 있다면 기부로 인해 초래되는 문제를 해결할 수 있으리라 생각합니다. 불교 단체가 자급자족을 할 수 있게 되면 신도들의 기부에 지나치게 의존하지 않아도 되니 자연히 기부를 크게 하는 사람, 기부를 적게 하는 사람과 기부를 하지 않는 사람을 구분 짓는 일도 없어질 것이며, 신도를 차별대우하는 일도 없어질 것입니다.

어지러운 마음은 전생에 타인을 근심시킨 업보

수행을 위해 갖출 것에 관한 이야기로 돌아가 보면, 밖으로 향하는 탐심뿐만 아니라 안을 향해서도 탐심과 집착을 없애는 연습은 매우 중요합니다.

티베트의 수행자 밀라레빠(Milaraspahi, 1040~1123)를 다들 잘 아실 겁니다. 밀라레빠의 스승 마르빠(Marpa, 1012~1097)가

산속 깊은 굴에 가서 수행하라고 당부하자 밀라레빠 존자는 가능한 한 빨리 자신의 죄업을 참회하기 위해, 또 조속히 해탈하기를 바라는 마음으로 굴에 가서 수행에 정진했습니다. 굴에서 밀라레빠 존자가 가진 살림살이라고는 음식을 끓일 수 있는 질그릇 하나가 전부였습니다.

하루는 그가 그 질그릇을 굴 밖으로 가져갔다가 실수로 깨뜨리고 말았습니다. 그러나 밀라레빠 존자는 생계를 의존했던 질그릇이 깨진 걸 보고도 화를 내기는커녕 바로 한마디 했습니다.

"조금 전까지도 멀쩡했던 질그릇이 이제는 사라졌구나. 실로 내가 무상함을 이해하도록 도와준 좋은 스승이로다."

밀라레빠 존자는 밥을 짓는 그릇에 미련을 두는 마음이 조금도 없었습니다. 그래서 그의 유일한 그릇이 깨졌을 때도 흐트러지지 않는 마음을 유지할 수 있었고, 화가 나거나 진한심(瞋恨心)이 생기지 않았습니다.

만약 우리였다면, 재산이라고는 통틀어 음식을 끓일 수 있는 그릇 하나밖에 없다면, 우리는 분명히 그 그릇을 금이야 옥이야 아꼈을 것입니다. 망가지지 않게 조심해서 다루며 그 그릇에 대한 탐착이 강했겠지요. 잘못해서 그릇이 깨지기라도 한다면 우리는 마음이 산만해졌을 테고, 흐트러진 마음에서 진심(瞋心)이 생겼을 겁니다.

이렇듯 지금 우리에게 가장 중요한 건 마음이 흐트러질 때

우선 자신에게 진심이 생기지 않도록 하는 겁니다. 이미 마음이 흐트러졌다면 바로 생각해야 합니다. 이것은 우리가 과거에 다른 사람의 마음을 어지럽히고 근심하게 했던 대가로 받는 업보라는 사실을 말이지요.

> 가장 중요한 건 마음이 흐트러질 때 우선 자신에게 진심이 생기지 않도록 하는 겁니다. 이미 마음이 흐트러졌다면 바로 생각해야 합니다. 이것은 우리가 과거에 다른 사람의 마음을 어지럽히고 근심하게 한 대가로 받는 업보라는 사실을 말이지요.

공성(空性), 탐욕을 다스리는 유일한 방법

우리는 외부의 재물에만 강한 탐착을 갖는 것이 아니라 사람에게도 큰 탐착이 생길 수 있습니다. 이를테면 자신과 친한 벗은 특별히 중요시하고 연연해 합니다. 친한 사람에게 강한 탐착이 있기 때문에 사심이 생기기 쉽고 친구의 편을 들게 되어 다른 중생의 인생은 중요하게 생각할 수가 없습니다. 다른 중생의 인생에 대해서는 아끼고 사랑하는 마음이 생기지 않으므로 두루두루 다 챙기지 못하지요. 욕구를 판단할 때도 자신의 욕구를 좀 더 중요하게 생각하며 자신의 필요를 더 많이 신경 씁니다. 자기 생각이나 욕구가 다른 사람의 필요보다 더 중요하다고 여기지요. 그로 인해 다른 사람과 다투는 일도 많이 생깁니다. 따라서 수행자에게는 탐욕을 줄이는 것이 수행의 필수적인 과제입니다.

탐욕을 줄이는 방법에는 두 가지가 있습니다. 단기적인 방법은 어떤 행동을 할 때, 예를 들어 기부를 하거나 이타적인 선을 행할 때는 반드시 선심(善心), 비심(悲心), 의지심(依止心) 또는 신앙심과 같은 올곧은 마음을 바탕으로 하는 것입니다. 아주 중요한 개념이지요.

두 번째로 중요한 점은 어떤 행동을 하든지, 불교의 사업을 보살피는 것도 좋고 사원에 기부를 하는 것도 좋지만, 공덕을 쌓으며 탐욕이 생길 수도 있습니다. 그런 탐욕에 효과적으로 대항하고 싶다면 모든 사물이 다 진실한 존재는 아니라는 점을 알아야 합니다. 다시 말해 공성(空性)의 개념입니다. 공성의 개념을 제대로 깨닫는 것이야말로 탐욕에 제대로 대응하는 최후의 방법입니다. 가장 궁극적인 방법은 공성을 깨닫는 것이며, 다른 방식으로는 공성처럼 영구적으로 탐욕을 없앨 수가 없습니다.

공덕을 쌓으며 탐욕이 생길 수도 있습니다. 그런 탐욕에 효과적으로 대항하고 싶다면 모든 사물이 다 진실한 존재는 아니라는 점을 알아야 합니다. 다시 말해 공성(空性)의 개념입니다.

©박우현

지나친 욕심은 자아를 커지게 만들어 자신을 부풀립니다.

지나친 욕심은 자아를 커지게 만들어
자신을 부풀린다

탐욕이 생기도록 하는 사물은 어느 곳에나 존재합니다. 일상생활에서는 주변 환경이나 상황에서 쉽게 탐욕이 생깁니다. 예를 들어보겠습니다. TV 광고는 사람들의 구매욕을 자극하고, 식당의 음식을 보면 구미가 당깁니다. 우리가 어떤 단계를 밟고 어떤 대응 방법을 취하든 사람은 탐욕이 생기는 환경이나 상황에 놓일 수 있으며, 그런 환경이나 상황에서도 탐욕이 생기지 않기란 굉장히 어렵지요.

탐욕은 아집을 강하게 만들어 자아를 부풀리기도 합니다. 부를 얻고 싶다고 생각하면서부터 탐욕은 소리 소문 없이 자라나고, 어느 날 돈과 명성을 얻게 되면 자아는 더 크고 강해집니다. 이렇게 크고 강한 자아가 나타나면 자기가 세계의 유일한 존재가 되고 싶어 하며 자신이 생활하는 범위에서 가장 돈이 많고 가장 유명한 사람이 되길 바랍니다. 물론 이런 생각은 또 다른 괴로움을 만들어 내지요.

어떤 사람이 세상을 떠난 후 천당에 들어갔습니다. 원래 그는 특별한 지위에 있는 사람만이 천당에 갈 수 있으므로 천당에 들어갈 수 있는 사람의 수가 많지 않으리라고 기대했습니다. 그런데 뜻밖에도 천당에는 사람이 너무 많아 문제였습니다.

그가 천당의 정문에 들어서는데 그의 천당 입성을 사람들이 열렬하게 환영해 주었습니다. 그런데 그는 오히려 화를 내며 말했습니다.

"싫습니다. 저는 여기에서 살기 싫어요. 이곳 천당은 예약하지 않아도 들어올 수 있는 곳 같군요. 저는 그런 곳은 싫습니다."

말을 마친 그는 버럭 성을 내며 떠났습니다.

욕심부리지 않고 공덕을 쌓는 것은
오로지 붓다가 되기 위해서인가?

불법을 배우는 사람도 비슷한 상황에 빠지기가 쉽습니다. 예를 들어 어느 날 여러분이 인도에 성지순례를 갔는데 길거리에 남루한 옷차림의 거지가 하나 앉아 있는 걸 봤다고 합시다. 원래부터 내면에 지니고 있던 인자하고 선량한 마음으로 주머니에서 돈을 꺼내 그 거지에게 베풀고 곯은 배를 채울 음식도 좀 줍니다.

가난한 자에게 베푸는 등의 선행은 칭찬받아 마땅합니다. 그러나 선을 행할 때는 특별한 주의도 필요합니다. 선을 행할 때 순수하지 않은 동기가 섞여 있고, 지나치게 공덕과 복에 마음을 쓴다면 선행에 흠결이 생겨 완전무결하지 않게 됩니다. 많은 사람은 불자라면 마음을 깨끗이 하고 욕심을 버린다고 생각하며 천성적으로 물욕이 없을 거라고 여기지 욕심이 있다고 생각하겠습니까? 돈과 재물을 탐한다고 생각하겠습니까? 하지만 불자 자신에게도 탐욕은 극복해야 할 과제입니다. 많은 불자가 공덕과 복 쌓기를 매우 즐거워하지요. 선행, 방생, 탑돌이 등등은 모두 불자가 좋아하는 일입니다. 그리고 특별한 날에는 두 배로 더 살뜰하게 선을 행하며 더 빠르게 복을 쌓길 희망합니다. 복과 공덕을 시시콜콜 따지기도 하고요. 이 역시도 또 다른 형태의 욕심입니다.

공덕과 복을 쌓는 문제를 어떻게 다뤄야 할까요? 그런 행위를 어떻게 해석해야 하는지를 먼저 살펴봅시다. 공덕을 쌓는 이유가 선한 인격에서 비롯되었다면 공덕을 쌓는 행위는 탐욕이 아니며, 그 선행에는 자연스럽게 상응하는 결과가 따를 겁니다. 우리가 비심(悲心)과 가피(加被)로 불교에서 진행하는 사업을 보살핀다면 그런 행위 속에는 욕심이라는 것이 존재하지 않습니다. 그러나 선한 일을 하면서 머릿속에는 그저 공덕을 쌓을 생각만 가득하다면, 그 선행은 때가 탈 것입니다. 탐욕이 선행이라는 멋진 옷으로 포장되었기 때문입니다.

간단한 예를 들겠습니다. 우리가 사람들에게 기부를 받아서 불탑 하나를 세운다고 칩시다. 비심에서 비롯하여 불탑을 세우는 것이 아니라 그저 공덕을 쌓을 생각뿐이라면, 기부 행위에는 이미 불순한 동기가 섞여 있습니다. 불순한 마음에서 비롯된 만큼 얻는 공덕이 매우 제한적입니다. 따라서 기부자는 반드시 신중하게 자신의 초심과 생각을 잘 점검해야 하며, 자기가 왜 기부를 하는지, 맨 처음에 먹었던 마음이 선했는지, 아니면 오로지 자신의 이익을 위해서였는지를 돌이켜 잘 살펴야 합니다. 공덕을 쌓으려는 목적이 아니라 바른 가르침에 의지하는 마음이나 경건하고 성스러운 마음에서 비롯되는 선행이 가장 높은 등급의 선행입니다. 이런 마음에서 우러나야 선을 제대로 행하고 지킬 수 있습니다.

자기 자신을 위해서가 아니라 스승을 위해서?

어떤 제자는 스승에게 가피를 내려달라고 청하기도 합니다. "스승님, 부디 제 사업이 성공하도록 가피하여 주십시오. 제가 돈을 벌어 부자가 되면 사원에 많은 돈을 기부하겠습니다." "언젠가 10억짜리 로또에 당첨되면 제가 스승님을 잘 도와드릴 수 있으니, 스승님은 힘들게 밖에서 탁발하지 않으셔도 될 겁니다." 얼핏 보기에는 정당한 이유 같지만 자기의 탐욕을 합리화하려는 핑계에 불과한 경우가 많습니다. 어떤 제자들은 천상에 태어나는 복을 탐하며, 중생을 이롭게 하려는 목적이 아니라 자신을 위해 승원에 와서 수업을 듣고 관정(灌頂)을 받는 경우도 있습니다. 그러면서 이곳저곳에 가서는 사람들에게 이렇게 말하지요. "저는 정말 저 자신을 위해서 관정을 받는 게 아닙니다. 많은 중생을 이롭게 하려는 것입니다." "저는 정말로 제가 돈을 벌고 싶은 게 아니라 스승님을 위해서 제 사업이 번창하길 바라는 것입니다."

별안간 일확천금을 얻길 기대하거나 로또 1등에 당첨되길 바라며 다른 사람을 돕겠다는 사람, 입으로는 "저는 부자가 되고 싶습니다. 돈이 많아지면 다른 사람을 도울 수 있으니까요"라고 말하는 사람 중 90퍼센트는 정말 부자가 되면 다른 사람을 돕지 않을 사람들입니다. 사람의 마음은 쉽게 변해서 오늘 한 약속을 나중에 꼭 지키라는 법이 없기 때문입니다. 또한 돈이 많아지면, 그는 더 이상 과거의 그 사람이 아니게 됩니다.

돈이 없을 때는 돈이 많아지면 다른 사람을 도울 수 있을 거라는 환상을 품지만, 수중에 돈이 생기면 마음에 품는 환상과 갈망하는 것이 더 많아집니다. 돈이 없을 때는 어느 지역에 살든지 만족스러웠지만, 일단 돈이 생기면 거주하는 지역이 마음에 들지 않고 주변의 모든 것에 만족하지 않게 됩니다. 많은 일에 한눈을 팔게 되어 더 이상 타인을 이롭게 하겠다는 생각도 하지 않게 되고요.

어느 날 로또에 당첨됐다고 칩시다. 당신을 대하는 다른 사람의 태도와 생각이 바뀔 것이며, 사람들은 당신을 다른 눈으로 바라볼 것입니다. 은행의 고위급 임원이 적극적으로 당신을 찾아와 은행에 예금 좀 많이 하고 재테크 투자도 많이 해달라고 할 겁니다. 부동산 중개인도 찾아와서 더 좋은 집을 사라고 하겠지요.

소원이 진짜로 이뤄지고 몸값이 치솟으면 과연 처음에 했던 약속을 지켜서 선을 행할 수 있을까요? 백만 원밖에 없을 때에는 그 수준에 맞는 수요가 생기고, 천만 원이 생기면 천만 원의 수준에 맞는 수요가 생깁니다. 1억이 생기면 수요는 또 달라집니다. 부가 늘어나면서 다양한 번뇌와 수요에 직면하며, 해결해야 할 문제가 늘 산더미처럼 쌓여 있어 선행을 가로막는 핑계가 됩니다. 또 누군가는 이렇게 생각할 겁니다. '나는 다른 사람을 돕고 중생을 이롭게 하려고 로또를 사는 거야. 좋은 마음으로 사는 거니까 어쩌면 운 좋게 당첨될지도 몰라.' 이 역시 거짓된 동기이며 순수한 마음에서 비롯된 행동이 아닙니다.

　　여러분에게 정말 진심으로 조언하건대, 선을 행하기 위해 로또를 사지 마십시오. 로또는 재미로 사는 겁니다. 재미로 사는 거면 괜찮습니다. 로또는 즐겁고 신이 나니 사는 것이어야지, 기부를 하기 위해서나 선을 행하기 위해 사는 것이어서는 안 됩니다. 타이완에는 습관처럼 로또를 사는 사람들이 많습니다. 로또는 좋은 장사 아이템이기도 하고, 취약계층이나 심신이 불편한 사람을 도울 수 있는 방법이기도 합니다.

　　한번은 길을 걷다가 로또를 파는 가난한 아주머니를 만났고, 그분에게서 로또를 한 장 샀습니다. 그런데 그 로또가 타이완 달러 7백 위안(역주: 한화 약 삼만 원)에 당첨되었습니다. 그때 이런 생각을 했습니다. '이 아주머니는 손에 뻔히 7백 위안짜리 로또를 들고도 7백 위안에 당첨될 수가 없네. 그 대신 매일 바람이 불고

비가 오는 거리에서 한 장에 10위안 하는 로또를 팔다니, 세상일은 참 이렇게 예측하기 어려울 때가 많구나.'

돈이 없을 때는 돈이 많아지면 다른 사람을 도울 수 있을 거라는 환상을 품지만, 수중에 돈이 생기면 마음에 품는 환상과 갈망하는 것이 더 많아집니다. 돈이 없을 때는 어느 지역에 살든지 만족스러웠지만, 일단 돈이 생기면 사는 지역이 마음에 들지 않고 주변의 모든 것에 만족하지 않게 됩니다. 많은 일에 한눈을 팔게 되어 더 이상 타인을 이롭게 하겠다는 생각도 하지 않게 되고요.

비심(悲心)에서 비롯된 선행이 가장 귀하다

하루는 우리 센터에서 차를 새로 한 대 구매할 생각으로 자동차 판매장에 갔습니다. 직원은 차 한 대 한 대의 성능을 아주 열심히 소개했지만, 저는 그에게 솔직하게 말했습니다.

"저는 그냥 차를 보러 왔고, 돈이 없습니다."

직원은 그 말을 듣고도 여전히 웃는 얼굴로 저를 대하며 말했습니다.

"스님이 돈이 없으신 건 잘 압니다. 하지만 스님 뒤에 계신

분은 돈이 많잖아요."

얼핏 보면 부가 사람의 말의 무게를 결정하는 것 같고, 사회에서도 부가 많고 적음으로 사람의 성취를 판단하는 듯합니다. 하지만 잊지 마세요. 우리가 서로 지위가 다르고 능력도 다르지만, 모두가 평등한 한 가지가 있습니다. 그건 바로 우리가 누울 무덤의 길이는 딱 182센티미터만 필요하다는 사실입니다.

현세의 부, 명성, 지위는 사실 한때의 부귀와 영화이며, 한바탕 헛된 꿈임을 알아야 합니다. 꿈속의 것에 지나치게 집착하면 앞날에 아무런 도움이 되지 않습니다. 이 이치를 알고 나면 드러난 현상에 미혹되지 않고 더 중요한 일에 전념할 수 있게 됩니다. 자기중심적이고 이기적인 생각을 버리고 다른 사람을 위해 더 많이 생각해 보세요. 어떤 일을 하든 순수하고 깨끗한 마음으로 시작하고 진행하세요. 만약 기부를 해서 선을 행하고 싶다면 순수한 마음으로 기부하는 그 자체는 마음을 닦는 한 방법이 될 수 있습니다. 그런데 탐욕을 섞어 그러한 선행을 한다면 의미 있는 열매를 맺을 수 없습니다. 마음을 닦는 방법을 모른다면 인생의 많은 부분이 무의미해질 것이며, 인생이 의미 없게 느껴지면 내적으로 불안함과 불쾌함을 느끼게 됩니다. 반대로 마음을 닦는 방법을 통해 마음의 불안을 없앨 수 있으며, 인생에서 부딪히는 많은 어려움과 고단함도 마음을 닦음으로써 바뀔 수 있습니다.

생활에 여유가 없는 편인데 여건은 좋지 않더라도 때때

로 힘을 모아 선을 행하고 싶다면, 그런 생각을 가지고 있는 것만으로도 충분히 귀하고 소중합니다. 여력이 있어서 시간을 내어 사원이나 불교 단체를 돕고 싶을 때에는 마음과 시간을 들이는 것이 공연한 낭비가 되지 않을 것이며, 그로 인해 얻는 복은 물질이나 재물적인 공양을 뛰어넘을 것입니다. 우리가 가지고 있는 모든 것 중에서 시간이 가장 귀하기 때문입니다. 그 무엇으로도 시간을 살 순 없습니다. 1초, 모든 찰나의 시간은 일단 지나가면 완전히 사라집니다. 보내 버린 시간은 다시 돌아오지 않습니다. 하지만 돈이나 물질, 부는 다시 모을 수 있습니다. 따라서 소중한 시간을 사원에 쓰고 자신의 마음을 바치는 것은 그만큼 소중합니다. 자신의 시간을 들이는 것이 가장 좋은 공양이며 가장 귀한 선행입니다.

반대로 마음을 닦는 방법을 통해 마음의 불안을 없앨 수 있으며, 인생에서 부딪히는 많은 어려움과 고단함도 마음을 닦음으로써 바뀔 수 있습니다.

8장　당신은 생각보다 훨씬 부유하다

행복에는 다양한 차원이 있습니다. 일반적으로 '만족'이 가장 높은 형태의 행복이지요. 우리는 만족을 얻기를 갈망하고 마음의 평온을 얻고 싶어 하며 영혼의 성장을 추구합니다. 이렇게 내면의 행복과 평온을 얻는 방법은 여러 가지가 있습니다.

　유명한 오스트리아 심리학자 프로이트는 이런 말을 했습니다. "인간은 행복을 느낄 수 없다. 그들은 마음에 항상 어떤 일들이 있고 어떤 생각이 있어서 행복해질 수가 없다." 지금 우리의 문제는 '인간은 어떻게 만족을 얻을 수 있는가?'입니다. 프로이트의 말마따나 인간은 행복해질 수가 없으므로 만족감을 얻을 수도 없습니다.

지금 이 순간에 충실하자

어떤 측면에서 우리는 행복하지 않고 만족스럽지 않은 마음을 줄일 능력이 있으며, 또 우리는 종종 행복에 대해 어느 정도 욕구도 있습니다. 행복해지고 싶다는 욕구가 있다는 것은 자신의 현재 단계가 그리 행복하지 않다는 뜻이 되겠지요. 지금 행복한 상태라면 행복을 찾고 싶어 하지 않을 거고, 행복해지고 싶다는 건 현재 행복하지 않은 상태에 처해 있다는 겁니다.

그러면 어떻게 해야 만족스럽고, 어떻게 해야 마음이 평안해질 수 있을지 한번 생각해 봅시다. 가장 중요한 건 현재를 잘 살피고 현재에 집중하는 것입니다. 바꿔 말하면 자기가 지금 행복한지 행복하지 않은지, 만족하고 있는지 아닌지를 알아야 합니다. 지금 이 순간 자신의 상태를 잘 살펴야 합니다.

지금 행복한 상태라면 행복을 찾고 싶어 하지 않을 거고, 행복해지고 싶다는 건 현재 행복하지 않은 상태에 처해 있다는 겁니다.

불교에서 늘 '사람의 몸'[人身]을 이야기하는 이유가 여기에 있습니다. 부처님의 가르침을 접할 때마다, 항상 귀중한 '사람의 몸'에서 살길을 찾는 것이 불법의 핵심이라는 말을 듣습니다.

소중한 '사람의 몸'을 얻으라. 사람의 몸을 얻으라는 것은 사실 현재 자신이 가지고 있는 것을 잘 살피고 지키라는 이야기이기도 합니다. 예를 들어 우리가 지금 가지고 있는 '사람의 몸'은 바로 우리 모두가 가지고 있는 것이며, 이 '사람의 몸'은 매우 귀중합니다. 따라서 우리는 기뻐해야 마땅하며, 이 역시 현재에 집중하라는 가르침입니다. 현재의 상태를 잘 살피고 현재 가지고 있는 것에 만족감을 느끼라고 알려주는 것이지요.

곧 입적을 앞둔 한 스님이 계셨습니다. 그의 제자들은 병상에 모여 스승의 임종 전 가르침에 귀를 기울였습니다. 여러 제자가 스승 곁에 둘러앉았는데 유독 한 제자만은 병상으로 가지 않고 시장에 가서 스승이 가장 좋아하는 케이크를 찾았습니다. 이 제자는 고생고생해서 드디어 스승이 가장 좋아하는 케이크를 찾았고, 그 케이크를 사 가지고 돌아왔습니다.

그는 스승의 곁으로 와서 스승에게 케이크를 바쳤습니다. 스승은 케이크를 보고 매우 기뻐하며 기꺼운 마음으로 케이크를 먹기 시작했습니다. 하지만 곧 입적에 들 몸인지라 손이 말을 잘 듣지 않아서 스승은 케이크를 먹기가 힘들었습니다.

스승이 열심히 케이크를 입으로 가져가려고 하는데 제자 하나가 물었습니다.

"존귀하신 스승님, 스승님께서는 곧 입적하실 터인데 지금 여기에 다 모인 저희는 스승님을 떠나보내기가 무척 아쉽습니다. 하지만 세상사는 무상하다 하였으니, 임종하시기 전에 저희에게 한 말씀 남겨 주시지 않으시겠습니까?"

스승은 대답했습니다.

"케이크가 참 맛있구나."

이게 바로 스승이 입적 전에 남긴 가장 소중한 가르침이었습니다. 스승은 몇 분 후에 자신이 죽을 것을 조금도 걱정하지 않고 그 자리, 그 순간에 완전히 집중하였습니다. 잠시 후에 일어날 어떤 일도 근심하지 않고, 지금 먹고 있는 맛있는 케이크에만 전념한 것이었지요.

균뾔 승원에서 공부할 적에 저는 대중들 앞에서 60쪽 분량의 경전을 암송해야 하는 일이 있었습니다. 암송을 앞두고 점심시간이 되어 공양을 하러 갔어요. 당시에 미국 제자 몇이 다큐멘터리를 촬영하겠다고 와 있었는데, 카메라를 들고 저를 찍으면서 묻더군요.

"린뽀체 님, 혹시 지금 긴장되시나요?"

그들은 15분 후면 법당에서 기나긴 암송을 해야 하는 저를 걱정한 것이었지요. 저는 웃으며 대답했습니다.

"점심밥이 참 맛있네요."

경전 암송은 공양 이후의 일이니 그때 가서 하면 되는 일이었습니다. 저는 일단 점심을 맛있게 먹었습니다. 그 외에 다른 생각은 하지 않았습니다.

사람에겐 저마다 독특한 시험지가 있다

내면의 평온과 만족을 얻기 위한 가장 좋은 해결책은 바로 현재를 사는 것입니다. 어떤 일이 일어나도 흥분하거나 겁내지 않고 눈앞에 일어나는 일에 집중하는 것, 이것이 첫 번째입니다. 사람은 각자 다른 잠재력을 가지고 있고, 각자 다른 존재의 이유가 있으며, 각자 다른 생활방식이 있다는 사실을 알아야 합니다. 따라서 다른 이의 인생을 반복하거나 모방할 필요가 없습니다.

인생은 시험과 같습니다. 많은 사람이 시험을 보는데 성적이 불합격이거나 높은 점수를 받지 못하는 주된 원인은 사람들이 다른 사람의 답을 베끼기 때문입니다. 각자 다른 시험지를 받았기에 표준 답안이란 건 없다는 사실을 모르는 것이지요. 참으로 재미있는 표현입니다. 우리는 인생에서 각자 다른 시험지에 답을 써야 하는데 다른 사람의 답을 몰래 베끼려고만 합니다. 정말로 시험을 마무리하고 높은 점수를 받고 싶다면 남의 것을 베끼지 말고 자기의 본색에 충실하여 진실한 자기 자신이 되어야 합니다.

다른 사람을 모방하려 들고 다른 이의 방법을 참고하려 한다는 건 자기 자신을 받아들이지 못한다는 뜻입니다. 자신은 별로이고 완벽하지 않다고 생각하는 것이지요. 자신을 받아들이는 것은 매우 중요합니다. 자기 자신을 받아들이지 못하면 평안과 만족을 얻을 수가 없습니다. 제 개인의 예를 들자면, 제게는 린뽀체라는 신분이 있으므로 저 스스로 린뽀체라는 사실을 받아들여야 합니다. 이 신분에서 달아날 수가 없지요. 제가 이 신분에서 달아날 수 있다면 제 인생은 좀 더 단순해질 겁니다. 또 저는 키가 174센티미터입니다. 저는 제가 이런 키를 가졌다는 사실도 받아들여야 합니다. 지금 제가 다른 사람을 모방하고 싶다고 해 봅시다. 키가 좀 더 커졌으면 좋겠고, 신분도 억지로 바꿨으면 좋겠고, 성형수술로 외모도 바꿨으면 좋겠고…. 제가 정말 이렇게 생각한다면 저는 현재의 제가 별로이고 키가 크지 않으며 외모도 별로라서 개선해야 할 부분이 많다고 생각한다는 의미가 될 겁니다. 이렇게 자신을 가볍게 여기면 무의미한 번뇌만 뒤따를 뿐이며, 행복한 기분에는 아무런 도움이 되지 않습니다.

내면의 평온과 만족을 얻기 위한 가장 좋은 해결책은 바로 현재를 사는 것입니다. 어떤 일이 일어나도 흥분하거나 겁내지 않고 눈앞에 일어나는 일에 집중하는 것입니다.

특히 우리는 살면서 다른 사람의 삶을 굉장히 부러워하며 다른 사람의 생활방식을 따라 하고 싶어 합니다. 친구가 페이스북이나 인스타그램에 게시한 인증사진이나 이성 친구와 다정하게 찍은 사진에서는 행복이 폴폴 피어납니다. 남들은 행복하고 즐겁게 사는 것처럼 보이고, 다들 아무런 근심이나 걱정 없이 나보다 잘 사는 것 같지요. 나만 잘 못 사는 것 같습니다.

따라서 어떤 상황에 직면하든 기존의 생각에 매몰되지 말고 자신이 기대하는 바를 뛰어넘어야 합니다.

우리는 자신의 현재 상황에 만족하지 못하기에 다른 사람이 되고 싶어 합니다. 이렇게 현실적이지 않은 기대를 품으면 더 많은 괴로움과 불만족이 뒤따릅니다. 하지만 절대로 다른 사람이 될 수 없으며 끝까지 다른 사람을 쫓아갈 수는 없습니다. 쫓아간다 해도 행복과 평안을 얻는 것도 아니고요. 따라서 평안과 행복을 얻는 두 번째 요점은 바로 **자기답게 살며 자기 내면의 목소리에 충실히 하는 것**입니다.

사람은 모두 유일무이한 존재이며 각자의 인생도 유일무이한 것임을 알아야 합니다. 꽃밭에 활짝 피어 있는 여러 색의 꽃을 생각해 봅시다. 붉은색 꽃도 있고 푸른색 꽃도 있습니다. 빨간 꽃은 빨개서, 파란 꽃은 파래서 아름답습니다. 저마다 각자의 매력이 있지요. 붉은 꽃은 푸른 꽃으로 변하지 않아야 더 아름답고, 푸른 꽃도 자신을 바꿀 필요가 없습니다. 붉은색을 더한다고 해서 더 향기로워지는 게 아니지요. 꽃들은 저마다 우아하게 피어 자신의 가장 아름다운 색을 뽐냅니다.

더 많이 가졌다고 행복한 건 아니다

세 번째는 한계를 넘지 말아야 합니다. 어떤 물건을 가졌을 때 더 많은 걸 갖고 싶다고 생각하지 말아야 합니다. 차가 두 대 있으면 네 대가 갖고 싶고, 집이 한 채 있으면 두 채가 갖고 싶지요. 제가 보니까 타이완 사람들은 가방을 좋아하는 것 같아요. 한 사람이 가방을 여러 개 가지고 있고 여행용 캐리어도 여러 개씩 있는 것 같습니다. 타이완 사람들이 가방과 캐리어를 좋아하는 덕분에 제가 종종 덕을 봅니다. 타이완 제자가 가방이나 캐리어에 흥미가 떨어지면 그걸 저희에게 주거든요. 저도 제자에게 가방을 하나 받았습니다. 그 가방이 싫어졌다면서 제게 주더군요.

술을 마실 때도 마찬가지입니다. 처음엔 두 잔만 마시자고 했다가 다시 두 잔만 더 마시고 싶다고 하지요. 두 잔을 마시고 나면 딱 네 잔만 더 마시고 그만 마시겠다고 합니다. 자기 자신에게 이제는 그만 멈춰야 한다고 말하지만, 마음은 자꾸 그 한계선을 넘어서려고 합니다. 이미 아내가 있는 데도 만족하지 못하고 아내를 하나 더 두고 싶다는 욕심을 내고, 마누라가 넷만 있었으면 좋겠다고 갈망하는 사람도 있습니다. 자꾸자꾸 더 많은 아내를 원하지요. 이렇게 욕망은 끝이 없고 야심은 점점 부풀어 오릅니다.

갈망에는 마지노선이란 게 없습니다. 끝이 없는 것이지요. 가방만 더 많이 갖고 싶어 하는 게 아니라 옷도 많이 갖고 싶어 하고 자동차와 남자친구, 여자친구, 심지어 아내도 많이 갖고 싶어 합니다. 가방이 하나 생기면 두 번째, 세 번째 가방이 갖고 싶고, 온 방 가득 가방을 쌓아 놓고 싶어 합니다. 갈망이 진짜 필요한 범위를 넘어서면, 그렇게 해서 얻는 소유가 잠깐은 약간의 행복을 가져다줄 수 있을 겁니다. 하지만 그 물건들에 흥미가 떨어지면 행복도 따라서 사라집니다. 그러므로 진정한 마음의 풍요를 얻으려면 자신의 탐착을 버려야 합니다.

곰곰이 생각해 봅시다. '충분히 갖고 있다'와 '더 많이 갖고 있다' 이 두 가지에는 사실 별로 다른 점이 없습니다. 이 둘의 진정한 차이는 우리가 그 둘을 어떻게 바라보느냐에 달려 있습니다. 다시 말해 우리의 집착과 태도, 두 상황을 바라보는 관점이 둘의 차이를 만듭니다.

한번은 한 학생이 제게 자신은 부와 세력이 있는 집으로 시집가고 싶다는 이야기를 했어요. 하룻밤에 벼락부자가 되는 환상을 품었던 것 같습니다. 가난한 사람은 힘이 약해서 큰일을 할수 없고, 그러면 선한 일도 많이 할 수 없다는 게 그녀의 이유였습니다. 자신이 부잣집에 시집가야 충분한 영향력을 갖게 될 것이고, 힘 있게 다른 사람을 도울 거라는 뜻이었습니다. 그 학생은 자신이 재물을 탐하는 부류가 아니라 순수하게 타인을 돕겠다는 목적만 있다고 여겼습니다. 그녀가 보기에 '더 많이 가진다'라는 건 전혀 부당할 게 없으며, 긍정적이고 적극적인 좋은 일이었지요.

이런 생각에 자극을 받아 그녀는 더 분발해서 힘을 가져야겠다고 생각했고 '부잣집에 시집가기'라는 목표를 향해 열심히 노력했습니다. 이 학생은 자신에게 탐착이 있다는 사실을 자각하지 못했습니다. 사실 그녀는 '더 많이 가지고 싶다'라는 탐착에 깊게 빠져 있었지요. 그래서 그러한 욕심이 동반하는 단점을 간과한 겁니다.

그것은 생크림 케이크를 먹고 싶을 때와 비슷합니다. 우리는 케이크를 먹었을 때 뒤따르는 해로운 점을 소홀히 합니다. 이를테면 복부 지방이 늘어나고 심혈관 질환에 걸릴 가능성이 커지지요. 케이크를 너무나 먹고 싶은 나머지 케이크의 단점은 등한시하고 대신 케이크를 먹을 수 있는 이유를 찾는 겁니다. "케이크는 맛도 좋고, 먹고 나면 기분이 좋아진다. 딱 이번 한 번만 먹고 다음부터는 먹지 말아야지…." 어떤 물건을 너무 가지고 싶다고 생각하면 그것의 장점만 보이고 결점은 소홀히 하게 됩니다. 그래서 잘못된 판단을 하게 되고 잘못된 의사결정을 하기가 쉽습니다.

마음의 성장과 넉넉함을 추구하자

이제 우리는 우리가 바뀌길 원합니다. 몸과 마음이 변화되고 마음이 성장하기를 바랍니다. 마음이 성장하는 데에는 두 가지 방법이 있습니다. 하나는 간단한 방법이고 다른 하나는 어려운 방법입니다. 간단한 방법은 수시로 수련하는 것이고, 어려운 방법도 수시로 생각하는 것입니다. 그래서 부처님은 **"모든 견해 중에서 가장 좋은 견해는 바로 공성"**이라고 말했습니다.

부처님은 제일 처음 불법을 가르치면서 '고제'(苦諦)를 언급했습니다. '고'(苦)가 무엇인지를 설명하면서 '고'는 무상(無常)이라고 하였으며, 마지막에 입적하면서 가르친 이치도 무상이었습니다. 부처님은 입적하면서 제자들에게 여래의 몸을 보라고 하였습니다. 사람들은 여래의 몸이 태어날 수 있고 죽을 수 있는, 무상하게 생멸하는 특성이 있음을 보았습니다. 그래서 부처님이 입적할 때 남긴 가장 소중한 가르침도 무상입니다. 따라서 마음이 조금 앞으로 나아가게 하고 싶다면, 또 물질과 물욕에 대한 속박에 벗어나고 싶다면, 가장 중요한 것은 무상이라는 관념을 지니는 것입니다. 무상의 관념이 없다면 영혼의 성장을 기대할 수 없으며, 여러 물질의 제약에서 벗어날 수도 없습니다.

어찌 보면 마음의 성장이 마치 점점 더 많은 것을 쌓아 나가라는 의미처럼 들립니다. 그래서 오해를 하는 사람이 있을 수도 있을 겁니다. 마음을 자라게 하려면 더 많은 물건을 사거나 더 많은 물건을 쌓아야 한다고 생각하면서요. 그런 사람들은 맨 먼저 염주나 불상을 살 겁니다. 그런 후 금강령과 금강저를 사겠지요. 그다음에는 더 좋은 염주와 더 좋은 불상을 사고, 그 후에는 법당을 장엄하기 시작할 겁니다. 이런저런 것들을 잔뜩 사고 늘어놓으면서 외부의 물질을 구매하는 것이 마음 성장의 첫걸음이라고 여길 겁니다. 하지만 마음의 성장은 외적인 물질을 쌓는 것과 무관합니다.

> **부처님은 제일 처음 불법을 가르치면서 '고제'(苦諦)를 언급했습니다. '고'(苦)가 무엇인지를 설명하면서 '고'는 무상(無常)이라고 하였으며, 마지막에 입적하면서 가르친 이치도 무상이었습니다.**

까담빠(티베트불교에서 구파인 닝마빠에 대한 정화운동으로 인하여 신파로 불린다—옮긴이)의 수행자가 있었습니다. 평소에는 산속 굴에서 은둔하며 수련을 하였지요. 산굴 입구에는 작은 나무가 한 그루 있었는데 나가고 들어올 때마다 이 나무에 걸려 넘어져 어려움을 겪었습니다. 그래서 나무에 걸려 넘어질 때면 그 나무를 베어 버려야겠다는 생각이 들었습니다. 그런데 정말로 나무를 베려고 준비하다가 '무상'이라는 생각이 떠올랐습니다.

"내가 오늘 밤에 죽는다면 이 나무는 베어서 무슨 의미가 있겠는가? 역시 시간 낭비야!"

그 수행자는 나무를 베고 싶다는 생각이 들 때마다 퍼뜩 무상을 떠올렸고, 수년간의 수행을 거쳐 마침내 깨달음을 얻었습니다. 그러나 그 작은 나무는 여전히 그곳에 있었고, 예전처럼 매번 그의 출입을 방해했습니다. 훗날까지 그는 작은 나무를 베지 않았습니다.

이미 완벽하게 깨달은 그에게 작은 나무는 이제 더 이상 장애가 되지 않았습니다. 그는 이미 내면의 번뇌와 장애를 깨끗이 제거하였고, 그의 마음은 완전히 해탈하였기 때문입니다. 이제 이 수행자는 시장 한가운데에서 살아도 문제가 없습니다. 따라서 내면의 번뇌와 더러운 때를 말끔하게 쓸어버리면 외부의 모든 장애와 곤경은 아무런 방해가 되지 않게 됩니다.

분주한 마음을 끌어당기자

마음의 성장을 바란다면서 더 많은 불상을 사고 싶어 하고, 불상을 사들인 후엔 그걸 차마 버릴 수가 없고, 결국 자기도 모르는 사이에 불상이 너무 많아지지요. 그걸 다 집에 둘 수 없으니 절이나 불교센터에 가져가도 되는 건지 모르겠고요.

물론 불상을 사지 말라는 이야기를 하는 건 아닙니다. 마음의 성장을 이루기 위한 관건은 외적인 사물에 있는 게 아니고 우리 내면과 관계가 있다는 점을 강조하려는 겁니다. 마음의 성장을 돕는 물건을 쌓아 두지 말고, 또는 이리저리 돌아다니는 방랑자처럼 꾸미거나 히피가 되라는 것이 아니라 마음을 안에서 밖으로 더 강하게 만들어 사물의 실상을 제대로 이해하라는 것입니다. 외적인 것은 무상하고 생멸합니다. 내면과 마음을 더 강하게 만들 수 있다면 그런 마음은 금강처럼 세세생생(世世生生) 지속될 것입니다. 우리가 깨달음을 얻어 성불하기까지 말입니다.

또한 마음을 성장하게 하려면 다라니를 더 많이 외워야 한다고 생각하는 사람도 많습니다. 다라니를 외우고 또 외우는 것을 마음의 성장이라고 여기지요. 다라니를 외우는 건 아주 좋은 수행이지만, 그보다 더 많은 것을 할 수 있습니다. 다라니 암송을 좋아한다면 마음에 드는 다라니를 하나 골라 암송할 수 있는 다라니의 개수를 늘려도 좋습니다.

하지만 더 중요한 건 무상을 이해하는 것입니다. 무상을 제대로 이해한다면 영원히 존재하는 사물은 없다는 사실을 안다는 뜻일 테고, 그러면 자신의 집착을 정말로 끊어 내고 물질에 대한 향유와 미련을 잘라낼 수 있게 됩니다. 그렇게 되면 진정한 마음의 성장이 찾아옵니다. 모든 번뇌를 없애고 끊어 내면 마음이 광활하고 강해집니다. 만물이 생멸함을 알기에 지혜가 열립니다. 즉, 공성을 깨닫게 되어 대적할 것이 없는 강한 마음이 됩니다.

어수선함 속에서 진짜 중요한 것을 분별하자

현재 많은 사람이 물질 지향적이고 현란한 세계에서 살고 있습니다. 지금의 세계는 참 화려하지만, 동시에 매우 혼란스럽기도 합니다. 집중력을 흩뜨리는 것이 너무 많아 그 속에 휩쓸리면서도 자각하지 못하지요. 집에서 문을 열고 밖으로 나오는 순간 신기한 사물이 쏟아져 나오며 시선을 끕니다.

쇼윈도에는 먼 이국에서 수입해 온 전시품이 즐비하고, 거리에는 네온사인이 반짝입니다. 레스토랑에서는 끊임없이 메뉴가 바뀌고 주문하는 방식도 달라졌습니다. 이제는 점원을 불러서 대화할 필요 없이 화면을 클릭하거나 QR코드를 스캔하면 되지요. 아주 짧은 기간에, 이를테면 일주일 새에 새로 쏟아져 나온 많은 사물을 볼 수 있으며, 그런 신제품들을 보면 그것을 갈구하는 마음이 일어납니다. 갖고 싶다는 욕망이 마음을 부추겨 더 많은 걸 가지고 싶고, 그것들을 자기 것으로 만들고 싶지요. 그게 바로 탐욕을 좇는 것입니다.

내면에 더 많은 욕망과 더 많은 집착이 생기면 마음의 성장에 방해가 됩니다. 그렇다고 시장에 가서 돌아다니거나 쇼핑몰에 가서 쇼핑을 할 때 눈을 감을 수도 없는 노릇입니다. 현실적이지도 않은 방법이고요. 바람직한 방법은 탐욕의 유혹이 있는 환경에 있을 때 무상을 떠올리도록 자신을 다잡는 겁니다. 자신의 인생이 얼마나 많이 남았는지는 불확실하지만, 윤회에서 가장 큰 과환(過患)은 바로 무상입니다. 따라서 윤회 속에서 일어나는 어떤 일도 오래 지속되지 않습니다. 우리가 가장 신뢰하는 자기 몸도 영원히 존재하지는 않습니다. 그렇지 않으면 지금 부처님은 2021년을 살았을 테니까요.

세계라는 것은 불안정한 기초 위에 세워졌습니다. 그래서 변화한 세상에서 잠깐 있다가 덧없이 사라지는 사물을 좇는 것은 현명하고 지혜로운 사람의 선택이 아닙니다. 지금 열심히 노력하고 있는 목표가 며칠, 몇 달 또는 몇 년 뒤엔 바뀐다는 사실을 안다면 어떨까요? 입으로 살살 불면 온전했던 꽃씨가 사방으로 흩날리며 바람을 따라 사라지는 민들레처럼 말입니다. 정도의 차이는 있겠지만 우리의 세계도 이처럼 약하고, 이처럼 제멋대로 변화합니다. 윤회 속 무상의 본성을 떠올려 보면 자연스레 더 깊은 차원의 깨달음이 생겨나고, 더 많은 지혜가 자라날 겁니다. 더 강한 마음으로 욕망의 도전을 극복할 수 있을 것이며, 내면의 용기를 찾아 집착이나 욕망에 대한 생각을 물리칠 수 있을 겁니다.

내가 가진 것을 소중히 여기자

사람들은 성공을 갈망합니다. 그런데 무엇이 진정한 성공일까요? 어디까지를 성공이라고 봐야 하는지를 정하려면 어떤 관점으로 성공의 정의를 해석하는지를 살펴봐야 합니다. 어떤 이들은 모든 걸 내려놓는 걸 진정한 성공이라 여기고, 어떤 이들은 이룬 것이 많으면서도 자신은 아직 성공의 문턱에 도달하지 못했다고 여깁니다. 따라서 한 사람이 성공했는지 아닌지를 어느 정도 판단하려면 각자가 성공을 어떻게 바라보는지를 살펴야 합니다. 누군가가 자신이 성공했다고 생각한다면 그는 정말로 성공한 겁니다. 핵심은 자신이 마음으로 어떻게 느끼는지, 성공의 정의를 어떻게 생각하는지이지요. 그래서 저는 늘 제자들에게 이렇게 말합니다. **"사람들은 항상 자기에게 없는 것만 보고 자기가 이미 가진 것은 보지 못한다."** 자신이 이미 가진 것을 잘 살피고, 그것을 소중히 하고 감사해야 합니다. 모든 것을 아끼고 만족해야 합니다. 늘 자기에게 없는 것만 보고 자기가 할 수 없는 일을 고민하면 진정한 행복을 얻을 수 없습니다.

자신이 이미 가진 것을 살피고 자기가 이미 한 일을 똑바로 바라보도록 시도해 보세요. 마음을 그 방향으로 돌리는 것만으로도 자신은 이미 아름다운 것을 많이 가지고 있으며 많은 일을 이루었음을 깨달을 것입니다. 때때로 우리는 자신이 얼마나 운이 좋은지는 잊고 다른 사람의 후광에 눈을 돌리며 타인의 모든 걸 부러워하곤 합니다. 그러면서 자신도 가능성이 크고 안팎으로 나무랄 데가 없는 사람이라는 점은 간과합니다. 그래서 내면에서 넉넉함을 느끼는 것이 매우 중요합니다.

> 때때로 우리는 자신이 얼마나 운이 좋은지는 잊고 다른 사람의 후광에 눈을 돌리며 타인의 모든 걸 부러워하곤 합니다. 그러면서 자신도 가능성이 크고 안팎으로 나무랄 데가 없는 사람이라는 점은 간과합니다.

자신이 이미 가진 것을 살피고 자기가 이미 한 일을
똑바로 바라보도록 시도해 보세요.
마음을 그 방향으로 돌리는 것만으로도
자신은 이미 아름다운 것을 많이 가지고 있으며
많은 일을 이루었음을 깨달을 겁니다.

©정희숙

진정한 부는 바깥에 있지 않다

두 번째로 중요한 점은 어떻게 마음으로 넉넉함을 느끼느냐입니다. 탐내고 구하는 사람은 마음으로 넉넉함을 느끼지 못하며, 늘 자신이 얻은 것이 충분하지 않다고 느낍니다. 제가 보기에는 참으로 딱한 사람입니다. 아무것도 얻지 못하는 날에는 욕망으로 인한 괴로움에 시달리며 공허감과 결핍감을 떨치지 못할 겁니다. 그 어떤 진귀한 보물을 넣어도 가득 채울 수 없는 밑 빠진 독처럼 말이지요. 정말로 내면의 풍족함을 느끼려면 물욕과 탐욕을 줄이는 연습을 해야 합니다. 탐욕이 왕성해질수록 마음의 공허함이 더 커지고, 그런 사람은 행복을 느낄 수 없기 때문입니다.

사람들은 아름다운 외모를 가졌는지, 좋은 브랜드의 자동차와 시계, 좋은 집이나 번듯한 직함을 가졌는지를 신경 씁니다. 외적인 조건으로 행복을 정의해야 한다면, 그런 외적인 '명함'을 잃게 되는 날에는 행복도 잃게 될 것입니다. 그런 외적인 것들로 자신을 돋보이게 하지 않으면 아무도 자신에게 관심을 갖지 않으며 아무도 자신을 보지 않을 것이라 여기기 때문입니다. 따라서 사라지지 않을 행복을 찾아야 합니다.

부처님은 이미 2천여 년 전에 행복의 비법을 알려주셨습니다. 부처님은 비구들에게 욕심을 줄이고 자족하라고 가르치셨지요. 탐욕이 왕성한 사람은 명예와 이익만 좇느라 마음의 번뇌가 많은 편입니다. 반면 탐욕이 적은 사람은 외적인 명예나 이익을 좇지 않으니 마음이 편안하고 자유로우며 근심도 적습니다.

부처님은 탐욕이 너무 많을 때의 단점을 설명하면서 자족의 중요성도 함께 설명하셨습니다. 마음으로 자족함을 느낀다면 부와 안락을 얻은 것과 같습니다. 자족하지 못하는 사람은 외적으로는 부유할지 몰라도 마음은 가난하며, 자족하는 사람은 외적으로는 가난해도 마음은 아주 부유합니다. 정말로 지혜로운 사람이라면 '진정한 부는 바깥에 있지 않다'라는 이치를 이해할 수 있을 것입니다.

> 자족하지 못하는 사람은 외적으로는 부유할지 몰라도 마음은 가난하며, 자족하는 사람은 외적으로는 가난해도 마음은 아주 부유합니다.

돈이 많은 것을 복을 받은 것과 동일시하는, 보편적으로 잘못된 인식을 가진 사람들도 있습니다. "저 사람은 팔자도 좋지. 분명 전생에 좋은 향을 많이 태웠을 거야." 사실 불교에서 말하는 복은 외적인 부유함을 일컫지 않습니다. 그보다는 여유가 있든 없든 불법을 수행하여 진정으로 선량한 사람이 되는 것을 가리킵니다.

옛날에 한 강도가 한밤중에 길을 막고 강도질을 했습니다.

한 사람의 머리에 총을 겨누고 그를 협박했지요.

"빨리 가지고 있는 돈을 내놔!"

그 사람은 전혀 당황하지 않고 여유로운 표정과 태도로 강도에게 말했습니다.

"내가 누군지 모르나? 나는 정치계에서 권력과 힘을 지닌 사람이라네!"

그러자 강도가 대답했습니다.

"잘됐군! 그럼 내 돈을 돌려줘."

사람들이 현세에서 어떤 경로를 통해 부를 축적했는지 알 수 없는 경우가 많습니다. 그런데 어떤 이들은 사실 엄청난 부를 얻을 수 있음에도 그것을 소유하지 않고 부를 밀쳐냅니다. 몇몇 제자가 제게 이런 말을 한 적이 있습니다. 그들은 무기 거래를 할 능력이 있어서 마음만 먹으면 눈 깜짝할 사이에 억만장자가 될 수 있다고 했습니다. 부자가 될지 말지가 그저 생각하기에 달렸지만, 그들은 그런 사람이 되고 싶어 하지 않았습니다. 타인을 다치게 하면서 이익을 얻고 싶지 않은 것이었지요. 이들에게는 부자가 되길 갈망하는 야심이 없었고, 타인을 해치며 이익을 취하거나 타인의 부를 약탈하는 일은 하고 싶지 않았습니다. 자산을 모으지 않아 평범하기 그지없게 보이지만 진정으로 부유한 사람들입니다.

재산의 60퍼센트를 기부하는 인도의 타타그룹

이렇게 훌륭한 사람들보다 더 훌륭한 사람들도 있습니다. 인도의 상장기업인 타타그룹(TATA)의 창업자는 '인도 산업의 아버지'라고 불리는 잠셋지 누세르완지 타타(Jamsetji Nusserwanji Tata, 1839~1904)입니다. 그가 창업한 타타그룹은 현재 인도 최대 규모의 기업으로 성장했으며, 2010년부터 2011년까지의 수입이 인도 GDP의 6.14퍼센트에 상당하는 833억 달러에 달합니다.

타타 집안에는 아주 훌륭한 전통이 하나 있습니다. 바로 개인 재산의 60~70퍼센트를 자선재단에 기부하는 것입니다. 그들의 자손은 벌어들인 재산 전부를 자신이 갖지 않고, 그중 일부를 공익사업에 투자하여 사회에 환원합니다.

현재 타타그룹의 65.8퍼센트의 소유권은 타타자선재단이 보유하며, 그룹 수익의 60~70퍼센트도 창업자의 철학에 따라 대부분 농촌, 의료, 교육, 예술, 문화 등의 분야에 투자합니다. 타타그룹은 공익과 자선에 힘쓰면서 인도 국민의 복지를 개선하고 있고, 이것이 장기적으로 지속될 수 있는 복지 계획이며 진정으로 인도 사회에 기여할 수 있는 방법이라고 생각합니다.

타타그룹이 절반 이상의 수익을 기부한 까닭에 현재까지 타타 집안은 인도의 최대 부자가 되지는 못했습니다. 그들은 인도 국민과 함께 부를 나누며 인도 국민의 더 큰 복지에 관심을 두지요. 제가 보기에 이들은 훌륭한 이들 중에서도 더 훌륭한 사람입니다.

앞으로 우리 딥까르 불교센터도 얼마간의 돈을 벌 기회가 생기면 인도 타타그룹을 본받아 수익의 일부를 사회 공익사업이나 자선사업에 쓸 수 있었으면 좋겠습니다. 그래서 사회의 가난, 교육 등 문제 해결을 돕고 자비와 사랑으로 우리 사회를 밝히며 어두운 곳 구석구석을 밝혔으면 좋겠습니다. 우리 단체가 자급자족만 하는 게 아니라 단체의 이름처럼 사회의 밝은 등이 되어 사회와 사람들 마음에 밝은 빛을 가져다줄 수 있기를 기대합니다. 이것이 저의 철학이며 목표입니다. 세상의 절반쯤 되는 기업이 타타그룹의 철학을 본받아 그들의 발걸음을 따라간다면 이 세상에 더는 가난이라는 단어가 없을 것이고 굶주린 배를 끌어안고 잠에 드는 사람도 없을 것입니다.

지금 우리가 사는 세계는 멈추지 않고 돌아가는 팽이처럼 명예와 이익을 좇는 게임이 한시도 멈추지 않고 진행되고 있습니다. 외부 환경에는 유혹이 넘치고 사람 마음은 이기적으로 변해 원래 선했던 마음을 잃어 가고 있습니다. 그런 한편 고무적인 일들도 목격합니다. 걸음을 멈추고 자기 인생을 재점검하는 사람들이 갈수록 많아지고 있습니다. 탐욕을 부풀리는 대신 마음을 차분히 가라앉히고 자기의 모든 걸 반성하지요. 또한 집착을 없애고 내려놓는 법을 연습합니다. 그리고 '버리는 게 있어야 얻는 게 있다' '적은 게 곧 많은 것이다' '만족함을 아는 것이 부유함이다'와 같은 이치를 깨닫습니다.

우리 각자가 조금씩 변하기 시작하고 마음을 활짝 연다면, 차츰차츰 어지러운 세상 속에서 간소하고 편안하게 사는 방법을 찾아 행복과 안락을 얻으리라 믿습니다.

지은이 **캉쎄르 린뽀체**(Khangser Rinpoche)

네팔의 히말라야 지역에서 태어났고, 본명은 땐쯴 쭐팀 빨댄(Tenzin Tsultrim Palden)이다. 캉쎄르는 금색 집[金堂]이라는 의미인데, 겔룩빠 전승의 캉쎄르 린뽀체의 제8대 환생자이다. 제7대 캉쎄르 린뽀체는 제14대 달라이 라마 존자의 환생을 찾아낸 세 분의 존경받는 라마 중 한 분으로 알려져 있다. 겔룩빠 전승은 15세기에 성립하여 인도 날란다 대학의 풍부한 문화와 지식을 온전히 전승한 법맥으로서 티베트의 제4대 종파 중 가장 큰 법맥이다.

캉쎄르 린뽀체의 가문은 수세기 동안 닝마빠의 전승을 따랐기 때문에 캉쎄르 린뽀체는 겔룩빠 전승과 티베트불교의 가장 오래된 법맥인 닝마빠의 전승, 즉 두 전승의 귀중한 불교 유산을 모두 지니고 있다. 캉쎄르 린뽀체는 티베트불교의 4대 종파 모두의 위대한 스승들로부터 밀교密教와 현교顯教에 대한 풍부한 가르침을 직접 전수받았다. 대표적인 분들로는 제14대 달라이 라마 존자, 껩제 딜고 켄쩨 린뽀체, 라띠 린뽀체, 켄수르 롭상 쳬링, 케쭌 상뽀 린뽀체, 최계 티첸 린뽀체 등이다. 캉쎄르 린뽀체는 겔룩빠 전승의 3대 승원 중 하나인 쎄라 승원에서 스님들에게 가르침을 편 것을 비롯하여 네팔과 인도 다람샬라의 여러 닝마 및 까규 승원에서 닝마 및 까규 전통에 따라 불교를 가르쳐 왔다. 캉쎄르 린뽀체는 직접 설립한 네팔 카트만두의 탕까르 데첸 최링 승원과 세계 각지의 디빵까라 재단을 관장하면서 영적 스승으로 활동하고 있으며, 인도, 네팔, 베트남, 대만, 미국, 한국 등 다양한 나라의 딥까르(Dipkar) 불교센터를 통하여 대중들에게 부처님의 가르침을 전하고 있다. 2023년 7월 15일 달라이 라마 존자로부터 인도 다람샬라 귤뙤 승원의 라마움제로 임명되어 현재 승원의 모든 일을 관장하고 있다.

1975년	출생
1980년	제8대 캉쎄르 린뽀체로 인정
1992년	달라이 라마가 세운 불교철학대학(Institute of Buddhist Dialectics)에서 불교철학 학사 취득
1998년	인도 남부 쎄라 제 승원, 롭뾘(교수사) 과정 수료, 불교학 석사 취득
2000년	네팔 카트만두의 트리부완 대학교 객원 교수
2002년	게셰 하람빠 취득, 최고 학부 중 수석, 『아비다르마에 대한 주석』 저술
2005년	인도 다람샬라 균뙤 탄트릭 승원에서 불교철학 박사 취득, 최고 학부 중 수석
2007년	네팔 카트만두에 히말라야 불교 유산 보존 재단 설립
2011년	베트남에 니엔당(아티샤) 불교 유산 보존 재단 설립
2012년	대만에서 디빵까라 불교센터 설립
2013년	몽골 켄티 아이막 주지사로부터 명예훈장 수훈
2016년	네팔에 히말라야 딥까르 재단 설립
2018년	미국에 딥까르 바즈라야나 연구소 설립
2023년	한국 불자들에게 6년 수행 설법 시작
	균뙤 승원의 라마움제 취임
	딥까르 불교센터 코리아 조직

옮긴이 **한수희**

이화여대 중어중문학과를 졸업하고 동 대학 통역번역대학원에서 번역학 석사
(한중 전공) 학위를 취득했다. 번역 집단 실크로드에서 중국어 전문 번역가로 활
동하고 있다. 옮긴 책으로 『그래도 좋은 날이 더 많을 거야』, 『여름날의 레몬그라
스』, 『나는 내가 잘됐으면 좋겠다』, 『이중톈 중국사 8, 9』, 『수학의 아름다움』, 『원
년 봄의 제사』, 『왕과 서정시』, 『블랙테크』, 『대륙의 큰언니 등영초』 등이 있다.

원하는 것을 얻지 못하는 것이야말로 축복

초판1쇄 펴냄 2023년 12월 14일
초판2쇄 펴냄 2024년 1월 4일

지은이 캉쎄르 린뽀체
옮긴이 한수희
펴낸이 유재건
펴낸곳 (주)그린비출판사
주소 서울시 마포구 와우산로 180, 4층
대표전화 02-702-2717 | **팩스** 02-703-0272
홈페이지 www.greenbee.co.kr
원고투고 및 문의 editor@greenbee.co.kr

편집 이진희, 구세주, 송예진, 김아영 | **디자인** 이은솔, 박예은
마케팅 육소연 | **물류유통** 류경희

ISBN 978-89-7682-841-5 03200

사진 ©정화숙, 박우현

독자의 학문사변행學問思辨行을 돕는 든든한 가이드 _(주)그린비출판사